Deals de justice

Sous la direction de
Antoine Garapon
et Pierre Servan-Schreiber

Deals de justice

Le marché américain de l'obéissance mondialisée

Presses Universitaires de France

ISBN 978-2-13-062763-0

Dépôt légal — 1re édition : 2013, octobre
2e tirage : 2013, décembre

6, avenue Reille, 75014 Paris

Nous n'aurions jamais eu la témérité de nous lancer dans un tel ouvrage sur un sujet en apparence si technique et dans un temps si bref, si nous n'avions reçu le soutien de beaucoup : d'Anne-Lorraine Bujon, tout d'abord, qui nous a encouragés dès la conception de ce projet et considérablement aidés tout au long de sa réalisation ; du cabinet Skadden, qui a mis à notre disposition son infrastructure ; de nombreux directeurs juridiques et confrères aussi bien français qu'américains avec qui nous avons eu des conversations passionnantes, et en particulier Fred Einbinder, Frederick T. Davis et Daniel Schimmel, qui sont en eux-mêmes le symbole d'une discussion juridique fructueuse entre les deux rives de l'Atlantique ; des Presses Universitaires de France que leur haute conception de l'édition a incité à relever le double défi de rendre accessible une question difficile mais symptomatique d'une époque, tout en se calant dans l'agenda du débat public ; de Charles Kadri enfin, qui a finalisé ce travail avec disponibilité et efficacité. Qu'ils en soient tous chaleureusement remerciés.

A. G., P. S.-S.

INTRODUCTION

Un changement de paradigme

Antoine Garapon, Pierre Servan-Schreiber

Philippe X, secrétaire général d'un grand groupe français, sort de l'ultime entrevue avec un représentant du Department of Justice à Washington, pour signer un *Non Prosecution Agreement* (*NPA*) au nom de son entreprise. Il est à la fois soulagé et troublé. Soulagé, car le pire a été évité : pas de procès, pas de mauvaise publicité pour son entreprise, dont le nom ne sera pas souillé par l'infamie de la corruption (il a tenu en effet à ce que le mot ne soit jamais prononcé dans l'accord final), pas de procédures interminables dans une quinzaine de juridictions, fini les tensions permanentes au sein du comité de direction ou du conseil d'administration à qui il aurait dû justifier sa position. Tout cela est définitivement derrière lui. Et, pourtant, il n'arrive pas à se départir d'un sentiment de malaise. Que vient-il de faire ? Il a signé un chèque de plusieurs centaines de millions de dollars, mais pour quelle contrepartie ? Des sommes équivalentes, voire supérieures, il en a déjà engagées pour l'entreprise mais pour des contrats, des perspectives de développement donc. Mais là, qu'a-t-il acheté ? La paix avec les autorités américaines ? N'est-elle pas un peu cher payée ? Et puis, il y a l'opération de police intérieure qu'il a dû mener avec des avocats : bien sûr, ils se sont montrés d'une efficacité redoutable, mais enfin… était-ce bien leur rôle que de faire le travail des policiers ?

Une question le taraude : et s'ils avaient été au procès ? Son service juridique ne lui a-t-il pas dit et redit que l'accusation n'avait aucune preuve formelle d'une stratégie de corruption au niveau le plus élevé du groupe ? N'aurait-il pas mieux valu se débarrasser de quelques brebis galeuses dans les filiales suspectes et se battre devant les tribunaux pour le reste ? Une telle amende n'est-elle pas disproportionnée pour des fautes somme toute assez habituelles dans la vie du commerce international ?

Ce qui le perturbe le plus, c'est qu'il n'aura jamais la réponse à ses questions, car il a transigé pour éviter une peine qui n'a pas vraiment de référence. Sa seule certitude est que tous ses collègues des grands groupes font comme lui ; on paie et on se tait. Jamais aucun procès n'a eu lieu, seulement des transactions, des “deals”. Mais voilà : que se serait-il passé s'il avait tenu tête ? Si son groupe avait résisté, contre-attaqué, contesté la compétence des autorités américaines, l'extraterritorialité du droit américain, fait appel aux grands principes du droit international ? Pour lui-même, il aurait bien relevé le défi, mais pour son entreprise, non, c'était décidément trop risqué.

Bien sûr, il connaît ce fond protestant qui l'amuse chez les Américains, ce besoin de contrition publique, cette sorte de moralisme inséparable du business dont il n'est jamais parvenu à savoir, au bout de trente ans de carrière dans un grand groupe international, si c'était de l'hypocrisie ou l'expression de convictions réelles. Mais, cette fois-ci, il s'est vu sommé de les partager, ou de faire comme si. Ce qui l'amusait auparavant s'est mis à le gêner ; il s'est senti tout à coup... *étranger*. C'est bien ce sentiment qu'il a commencé à éprouver : il s'est senti subitement désemparé, comme un étranger. Non pas étranger à ce pays – les États-Unis – qu'il connaît si bien et que, par bien des côtés, il admire. Ni étranger au peuple américain dont il maîtrise parfaitement la langue, ni aux valeurs de l'Amérique. Non, c'est autre chose : il se sent étranger au nouveau monde qui est en train de naître et dont il s'est fait l'artisan involontaire. Tout au long de cette affaire, il a bien compris que l'on était en train de passer à autre chose, de basculer dans un nouveau modèle.

Mais dans quel monde entrons-nous, se demande-t-il ? Il se souvient de ses années à la faculté de droit de Paris où ses maîtres lui ont expliqué les fondements du droit pénal : Beccaria, le principe de la légalité des peines ; et puis de son année à Columbia où il a été fasciné par la subtilité et la force du droit américain : le droit de la procédure (*evidence*), le droit constitutionnel, l'importance accordée à la liberté et aux droits garantis par le *Bill of Rights*, notamment celui de ne pas s'incriminer. Tous ces raffinements de la pensée, toute cette sagesse accumulée par des traditions différentes au cours des siècles lui semblent tout à coup en passe de devenir inutiles dans ce nouveau monde.

Il ressent alors le besoin de comprendre. Non pour contester l'accord intervenu, car il a bien senti tout au long de cette affaire que ce qu'on lui demandait de faire n'était pas illégal, ni illégitime. Non, simplement comprendre. Mais vers où se tourner ? Quels ouvrages consulter ? Avec qui réfléchir ?

Monsieur X n'existe pas, naturellement, mais ses questions, elles, sont inspirées d'une multitude de conversations que nous avons eues ces dernières années avec une variété de directeurs juridiques en France et à l'étranger, et avec leurs conseils. De ce besoin de comprendre est venue l'idée de réunir un petit groupe de travail hétéroclite, composé d'avocats, d'hommes d'entreprise, mais aussi d'un juge et d'un philosophe, pour tenter de saisir, de nommer et d'expliquer ce qui représente peut-être aujourd'hui un véritable changement de paradigme. Ce livre est le fruit de ces réflexions. Il poursuit donc un double objectif : descriptif et analytique, intellectuel et opérationnel, parce que ces dimensions sont inséparables. Il n'a d'autre ambition que d'ouvrir un débat pour faire partager notre questionnement inquiet devant le développement considérable de ces pratiques nouvelles. Inquiet, car nous avons conscience que la régulation de la mondialisation actuelle est indispensable, mais que sa mise en œuvre peut aussi remettre en question des équilibres fondamentaux : politiques, juridiques, philosophiques. Le débat entre nous a été passionnant et nous sommes rapidement convenus qu'il méritait d'être élargi au-delà d'un cercle d'initiés. Entreprises, avocats, magistrats, ONG, instances européennes : tous sont concernés. Mais n'anticipons pas, et commençons par le début, c'est-à-dire par décrire une pratique qui se généralise depuis quelques années seulement.

WHISTLEBLOWING, *NPA*, *DPA*, *SETTLEMENT* ET *MONITOR*

Les entreprises du monde entier sont confrontées à une pratique inédite de la part des autorités[1] américaines telles

1. Aux États-Unis, le terme d'*authorities* désigne aussi bien les autorités de régulation proprement dites (comme la SEC ou l'OFAC) que le procureur fédéral qui dépend du Department of Justice (ministère de la Justice) ou bien encore les procureurs des États concernés par les manquements allégués, tels que le DANY (District Attorney of New York). Comme on le sait, la notion d'État telle que nous l'entendons en France n'existe pas nommément dans la culture américaine, où ce

que les agences de régulation comme l'Office of Foreign Asset Control (OFAC) ou la Securities and Exchange Commission (SEC), relayées par l'administration elle-même comme le Department of Justice (DOJ) ou les procureurs des États. Celle-ci consiste, dès le début d'une suspicion de fraude pesant à leur encontre, à leur proposer un choix : coopérer ou s'opposer. Si les entreprises acceptent de coopérer – et l'on verra qu'elles n'ont guère d'autre choix que d'accepter –, elles s'engagent à faire réaliser une enquête interne approfondie, à leurs frais, à en communiquer les résultats aux autorités compétentes puis à s'acquitter d'une amende négociée et enfin, le plus souvent, à accepter la nomination d'un contrôleur interne (*monitor*). La nouveauté et la généralisation de cette pratique invitent non seulement les entreprises mais aussi le barreau, les pouvoirs publics et les institutions européennes à s'interroger ou à réagir devant ce qui apparaît comme un nouveau mode de régulation de la mondialisation économique par le droit.

Pour cela, il faut saisir la cohérence implicite de ces pratiques. Au-delà du périmètre technique de la corruption, des sanctions économiques ou de la régulation financière, ce travail

terme est réservé à d'autres (et notamment aux dictatures et aux ennemis de l'Amérique). On observe d'ailleurs que le terme qui s'en rapprocherait le plus, mais qui ne recouvre en réalité que ce que nous appelons en français « l'administration », est le mot *government,* tandis que le terme le plus adapté pour ce que nous appelons le gouvernement est *administration* (« the Obama Administration »). Cela s'explique, entre autres, par le profond attachement des Américains au fédéralisme, voire par l'aversion profonde de nombre d'entre eux pour ce que nous appelons l'État, tant ils considèrent que l'autorégulation et la conformité volontaire et intégrée par chacun aux codes sociaux reconnus de tous, valent mieux que la règle de droit imposée par le « gouvernement ». Mais en réalité, lorsque l'on parle de ces autorités américaines, il s'agit bien de l'État au sens où nous l'entendons en France.

permettra également de mieux comprendre le « droit global », car nombre de traits propres à ce phénomène se retrouvent dans des domaines aussi apparemment éloignés que la lutte contre le terrorisme ou la justice transitionnelle après des crimes de masse. Ce n'est ni plus ni moins qu'une nouvelle manière de gouverner qui se met en place, qui passe par un nouvel usage du pouvoir : plus pragmatique, plus efficace, mais plus insidieux aussi, où les intérêts propres à la puissance américaine et à la moralisation des affaires se côtoient jusqu'à se confondre. Détaillons le mécanisme à partir d'un cas emblématique : l'affaire Siemens.

Fin 2006, la police allemande, suspectant des actes de corruption qui pesaient sur nombre des filiales de Siemens à travers le monde, perquisitionnait au siège de l'entreprise, ce qui alerta les autorités américaines (qui l'apprirent par la presse). Le DOJ et la SEC proposèrent un accord à l'entreprise allemande pour différer le déclenchement des poursuites à condition que celle-ci s'engage à coopérer et à enquêter à ses frais, de la manière la plus approfondie et la plus loyale, sur les allégations de corruption. L'accord fut conclu et l'enquête confiée à une *law firm*[1] américaine qui la boucla en moins de deux années[2].

1. Cabinet d'avocats. Nous utilisons ici l'expression américaine car, comme leur nom l'indique, il s'agit de véritables entreprises du droit qui se distinguent de la plupart des cabinets d'avocats d'Europe continentale par leur taille (environ 70 *law firms* américaines comprennent plus de 500 avocats en leur sein), par leur puissance financière (60 *law firms* ont un chiffre d'affaires annuel dépassant 500 millions de dollars) et par leur très haut degré de spécialisation.

2. D'autres enquêtes, comparables, sont toujours en cours plus de quatre années après leur ouverture.

Un changement de paradigme

Le 15 décembre 2008, une cour fédérale de Washington donnait son accord à une double amende transactionnelle entre le DOJ et la SEC pour un montant total de 800 millions de dollars (sans toutefois viser explicitement la qualification de corruption pour ne pas pénaliser l'entreprise dans certains appels d'offres internationaux). La compagnie allemande annonça le même jour qu'elle paierait 395 millions d'euros aux autorités allemandes, en plus des 201 millions d'euros déjà payés à un tribunal de Munich. Elle avait néanmoins échappé à une pénalité que le DOJ évaluait à 2,7 milliards de dollars.

Un *monitor*, chargé de vérifier la mise en œuvre des réformes nécessaires à la non-réitération de faits semblables, était nommé par le DOJ. Fait exceptionnel, il ne s'agissait pas d'un citoyen américain mais d'une personnalité allemande, M. Théo Weigel.

Des scénarios identiques se sont multipliés ces dernières années à une telle fréquence qu'il est possible de modéliser cette pratique, dont les principales étapes sont les suivantes (même si chaque affaire ne suit pas le parcours complet).

Les affaires peuvent commencer de multiples manières, mais les récentes législations ont renforcé le mécanisme de l'alerte (*whistleblowing*, c'est-à-dire un ensemble de dispositions de protection du donneur d'alerte), notamment le récent *Dodd-Frank Act* qui intéresse désormais le donneur d'alerte en lui promettant un pourcentage des sommes qu'il aura permis de recouvrer.

Dès qu'une suspicion se confirme à l'encontre d'une entreprise – et quel que soit son siège dans le monde, à partir du moment où elle est cotée sur une bourse américaine ou qu'elle a des intérêts commerciaux importants aux États-Unis, ou tout simplement qu'elle a utilisé des moyens situés aux États-Unis[1] –, elle se voit proposer par les autorités américaines de coopérer, c'est-à-dire, concrètement, de renoncer à se prévaloir d'un certain nombre de garanties légales et de faire pratiquer une enquête interne par des avocats qui se feront assister par des experts en traitement de données électroniques. Ces enquêtes n'ont pas de limites fixées au départ, ni dans l'objet, ni dans le temps, ni dans l'espace, les autorités américaines pouvant à tout moment les étendre à de nouvelles branches d'activités, allonger la période sur laquelle porteront les recherches ou élargir le nombre de juridictions couvertes. De surcroît, les autorités associent le plus souvent leurs efforts au sein de *task forces* regroupant plusieurs organes d'enquêtes (la SEC, le FBI[2], l'IRS[3], l'OFAC) qui s'avèrent redoutablement efficaces en croisant des compétences très pointues en droit fiscal ou boursier, en comptabilité ou en droit pénal. D'autant que les mêmes faits peuvent donner lieu aussi bien à des poursuites pénales, à une action civile ou à un redressement fiscal, qu'à de multiples amendes, dommages-intérêts punitifs, redressements, etc.

Tout cela ne serait pas possible sans un arsenal législatif qui le permette, à commencer par le *Foreign Corrupt Practices Act* (*FCPA*) qui a été précédé et suivi par de multiples autres textes comme la loi RICO[4], votée pour lutter contre le

1. Par exemple un compte en banque situé aux États-Unis, voire, notamment pour les sanctions supervisées par l'OFAC, tout paiement fait en dollars, même s'il n'a pas transité par le territoire américain.

2. Federal Bureau of Investigations.

3. Internal Revenue Service.

4. *Racketeer Influenced and Corrupt Organizations Act*, loi fédérale de 1970 prévue à l'origine pour permettre d'incriminer les chefs de la mafia, responsables de crimes qu'ils n'avaient pas commis eux-mêmes.

crime organisé, et qui permet de tripler les dommages et intérêts.

Le plus souvent, l'accord prévoit la nomination d'un *monitor*, chargé de vérifier la mise en œuvre des engagements pris par l'entreprise pour prévenir la réitération de faits semblables. Initialement, ce dernier était toujours un avocat américain mais il est, depuis l'affaire Siemens, de plus en plus souvent d'une autre nationalité, ce qui n'empêche pas qu'il doive toujours rendre compte aux autorités américaines.

Enfin, l'accord[1] intervenu entre l'entreprise et la ou les autorités administratives devra dans certains cas être homologuée par un *consent judgment*, c'est-à-dire un jugement d'homologation prononcé par un juge fédéral, ce qui a pour effet, non seulement de lui accorder plus de poids, mais aussi de faciliter les poursuites en cas d'inexécution.

LES ENQUÊTES INTERNES

Un des éléments clés de cette nouvelle approche de la conformité est donc l'obligation faite à l'entreprise de procéder à une ou plusieurs enquêtes internes afin de déterminer si, et dans quelle proportion, ont bien eu lieu en son sein des manquements aux obligations dont l'autorité a la charge (de supervision ou de sanction). Le groupe concerné devra faire une première analyse assez générale pour pouvoir proposer à l'autorité compétente une

1. Un tel accord peut porter différents noms (Defend Prosecution Agreement, Non-Prosecution Agreement, Settlement Agreement) ou, plus familièrement, un "deal".

méthodologie et un périmètre d'investigation : trop étroit, il sera considéré par l'autorité comme indicatif de mauvaise foi ou de non-professionnalisme ; trop large, il entraînera le groupe dans un programme de dépenses considérables, en termes de ressources internes mais aussi de frais et honoraires de prestataires.

On peut se demander pourquoi les entreprises se soumettent à de telles exigences. Que se serait-il passé, par exemple, si Siemens avait refusé de transiger et qu'elle avait réclamé l'application normale du droit ? Au moins trois droits nationaux étaient applicables pour chaque fait de corruption : la loi allemande, la loi américaine (qui se déclare compétente pour tous les faits imputables à une entreprise cotée aux États-Unis) et la loi de chaque État sur le territoire duquel les actes de corruption étaient suspectés. Cela multipliait d'autant les incertitudes, ainsi que la durée des procédures. Pourtant, il semble que cela ne soit pas tant ces complications que l'entreprise allemande ait redoutées, que la durée, le pourrissement de l'affaire et une forme d'incommunication avec les policiers, juges et procureurs qui en seraient chargés.

L'entreprise souhaite être fixée le plus rapidement possible sur son sort. Elle ne peut se permettre de subir le temps « impérial » de la justice, sur l'agenda de laquelle elle n'a aucune prise, et qui se montre insensible aux pertes importantes que peut engendrer cette incertitude. Or, quelle que soit la longueur de l'enquête interne, elle sera toujours plus rapide qu'une enquête de police judiciaire qui, elle, aurait dû emprunter les voies classiques de l'entraide et des commissions rogatoires internationales. Même si le coût des enquêtes internes est très élevé, il doit ainsi être mis en perspective avec celui d'une procédure qui peut durer une dizaine d'années et porter un préjudice considérable à la réputation du groupe.

Outre l'avantage du temps, les entreprises ont, avec le dispositif de la coopération, un interlocuteur unique, et surtout, plénipotentiaire. C'est assez rare, parce que tous les systèmes ne disposent pas d'un procureur à la fois central, indépendant, compétent et sensible aux exigences de la vie économique. Dès lors, un *deal* avec les autorités apparaît vite aux entreprises concernées comme un choix raisonnable. Elles acceptent donc, quasi systématiquement, de mettre en œuvre le processus de coopération proposé en commençant par l'enquête interne qu'elles confient systématiquement à des *law firms*.

Ces cabinets d'avocats n'ont rien à voir avec des institutions publiques comme la police ou la justice. Ils combinent le dynamisme et la réactivité de l'entreprise – organisée pour maximiser ses intérêts –, avec l'indépendance et l'impartialité que requiert l'application du droit. Non seulement la loi du marché et l'impartialité de l'auxiliaire de justice ne sont plus opposés dans ce modèle, mais, au contraire, ils sont devenus complémentaires : la fonction tierce est le marché lui-même (du moins le pensent-ils, on verra que c'est plus compliqué). Ils sont à la fois dans le marché et remplissent une fonction tierce qui était autrefois exclusivement associée aux pouvoirs publics.

On assiste ainsi à une unification culturelle très en amont, dans la manière même de recueillir les éléments de preuve. Avec cette nouvelle manière de faire, on reste entre soi, ce qui montre comment la mondialisation se réalise, concrètement, par la création d'une culture commune[1]. De ce côté-ci de l'Atlantique, certains voient d'un mauvais œil l'omniprésence

1. Les hauts fonctionnaires de la SEC ou de l'OFAC viennent le plus souvent du barreau et retourneront ensuite, pour beaucoup d'entre eux, dans des *law firms* pour la suite de leur carrière.

de ces avocats qui semblent jouer tous les rôles puisque, dans le même temps, ils défendent leurs clients et enquêtent afin de trouver des éléments qui devront être soumis aux autorités, fussent-ils très compromettants pour eux. Cette prévention vient de ce que, dans la mentalité romano-canonique, le modèle de l'enquête est intimement lié au pouvoir[1]. Or, dans le système global qui se met en place, c'est bien le modèle de l'enquête qui triomphe (et non le modèle accusatoire de la *discovery*), cependant que l'enquête ne semble plus liée à aucun pouvoir centralisé.

UN DISPOSITIF COHÉRENT

Le scénario mis en place par les agences américaines doit être ainsi interprété comme un *dispositif*, et non pas seulement comme une procédure. Quelle différence ? Alors que celle-ci ne ressort que du droit, celui-là doit être considéré comme un nouvel art de gouverner dans le contexte inédit de la globalisation, une forme de gouvernementalité[2], dirait Michel Foucault. Ce mode de gouvernement ébranle les trois piliers sur lesquels reposait le paradigme juridique ancien – à savoir, la souveraineté de l'État, tout d'abord ; l'autorité du droit, ensuite (*the rule*

1. Voir sur ce point Mirjan R. Damaška, *The Faces of Justice and State Authority. A Comparative Approach to the Legal Process*, New Haven, Yale University Press, 1986.

2. La gouvernementalité peut se définir comme la méthode de gouvernement par opposition à l'idéologie qui est son discours explicite. Elle renvoie au projet implicite, à la cohérence de l'ensemble et à la raison sur laquelle s'appuient les règles de droit.

of law) ; enfin, le territoire sur lequel elle s'exerçait. En s'éloignant d'un gouvernement direct par le droit sur un territoire et une population donnés, ces nouvelles pratiques américaines inaugurent un nouveau type de gouvernement : indirect, puisque s'appuyant moins sur les mécanismes juridiques que sur les exigences économiques ; déterritorialisé, car s'appliquant à des opérations commerciales globales ; et universel, car s'adressant de la même manière aux entreprises, qu'elles soient américaines ou non. Le système qui se met ainsi en place sans jamais s'annoncer n'est pas entièrement nouveau, tant il est empreint de culture américaine. Mais son application aux relations économiques transnationales lui confère une stature inédite qui ne peut être réduite à une pure et simple américanisation. Il est alimenté par une double source d'énergie : la première émane du pouvoir américain qui y trouve une manière d'étendre son emprise à moindre coût, l'autre réside dans les entreprises elles-mêmes qui sont heureuses de trouver un interlocuteur, dur, certes, mais au fait de leurs préoccupations et capable de transiger rapidement.

De leur point de vue, les autorités américaines tentent, par ce dispositif, de remédier au décalage créé par la mondialisation entre un marché déterritorialisé et des États régulateurs qui ne le sont pas (et ne le seront jamais, sauf peut-être les États-Unis). Marché et État ne sont pas des formes homogènes et ne se sont superposés qu'occasionnellement dans l'histoire. Le modèle classique – celui du droit international aussi bien public que privé – ne valait que lorsque les marchés étaient territorialisés, donc fragmentés, et qu'ils restaient largement dépendants des États. L'État était censé contrôler politiquement son marché et l'encadrer juridiquement. Mais, à présent, les marchés sont défragmentés au point de constituer une seule et même entité, par le biais de la finance et des échanges instantanés d'information, notamment. Le marché devient trop puissant et il tend à se mettre hors de portée du droit qui reste national et territorialisé ; d'où la nouveauté de cette stratégie américaine qui s'appuie directement sur le marché. Elle le fait de deux manières : en exploitant tout d'abord la *force* du marché réel, mondialisé, en brandissant la menace d'une ostracisation mortelle à brève échéance ; et en puisant ensuite son modèle dans le marché, mais entendu cette fois comme *forme d'organisation de la coexistence humaine* (mise en concurrence des hommes, réduction de l'homme à ses intérêts, sollicitation de la capacité de calcul et sanction automatique) ; un marché sans marché en quelque sorte, ou, pour reprendre l'expression de Foucault, un marché devenu une « instance de véridiction[1] ». La pratique des agences américaines est un excellent révélateur de ce que devient le droit dans une ère où l'économie est devenue le dernier discours de vérité.

DU CONTRÔLE DU TERRITOIRE AU CONTRÔLE DES RELATIONS

Puisque le marché global est à ce point intégré, il faut imaginer la régulation la moins tributaire possible des frontières. Mais où trouver le support du droit en l'absence d'un territoire correspondant à son application ? Dans les *relations* formant la texture du droit global. Tous les types de relations :

1. Michel Foucault, *Naissance de la biopolitique. Cours au Collège de France. 1978-1979*, Paris, Gallimard-Seuil, « Hautes Études », 2004, p. 33.

relations internes à l'entreprise, relations des entreprises entre elles, entre les entreprises et les autorités américaines, ou, enfin, dans les relations entre les consommateurs (ou, plus généralement, l'opinion publique) et ces grandes entreprises.

Les rapports globalisés ne sont plus « triangulés » par les États selon les territoires, mais envisagés comme une relation entre des entités calculantes (États, entreprises, ONG, groupes de pression). C'est donc à partir des personnes, physiques ou morales, et par elles – et non par les États – que va s'échafauder la régulation ; aucune instance ne s'interpose entre les sources de régulation et les individus régulés. Cette nouvelle approche met dans le même panier personnes physiques et personnes morales, car elles vont les unes comme les autres faire des choix rationnels, économiquement valides, qui protègent leurs intérêts et maximisent leurs profits. C'est ainsi qu'il sera possible d'anticiper et d'agir sur leurs décisions.

En se concentrant sur la relation d'intérêt, cette approche dépersonnalise le sujet et désocialise l'entreprise. Ce n'est plus la volonté qui devient la cible des politiques, comme dans la gouvernementalité précédente, qui reposait sur la loi et le contrat social, mais le calcul, supposé être beaucoup plus universalisable. Typiquement néolibérale, cette conception de la liberté limite cette dernière à la faculté de faire des choix rationnels, aux dépens de la liberté de s'opposer, de s'affirmer contre le système ou de contester l'interprétation de la loi.

Le marché semble être un monde qui ne répond plus qu'aux risques, où tout, jusqu'à la loi pénale, est assimilé à un risque[1].

1. C'est le tournant pris par Gary Becker qui ne considère plus le champ du droit pénal comme l'ensemble des actes punis par la loi mais toute action qui fait courir à un individu le risque d'être condamné à une peine.

Le nouveau dispositif de contrôle que décrit cet ouvrage renforce ainsi le risque d'être dénoncé. C'est ce qu'illustrent aussi bien la procédure de clémence, qui donne une prime à celui des co-auteurs d'une infraction qui dénonce les autres en premier, que le *whistleblowing* – encouragé depuis le *Dodd-Frank Act* par une puissante incitation financière. Un même mécanisme, qui s'applique aussi bien à l'entreprise (*clemency*) qu'à l'individu (*whistleblowing*), a pour effet de créer un risque pénal ou régulatoire à l'intérieur des relations traditionnellement nouées par la confiance comme celles du commerce ou encore les liens de subordination dans le travail. Alors que le droit classique conférait des statuts en leur garantissant une certaine protection[1], cette nouvelle approche a pour effet, au contraire, d'*insécuriser* toutes les relations. Alors que ces relations étaient justifiées par le profit ou le salaire, la loi propose un surprofit ou un substantiel complément de rémunération. Le reste est affaire de calcul. La clé de ce nouvel art de gouverner est de faire converger l'intérêt et le calcul.

Ainsi est institué un contrôle à 360 degrés où les contrôleurs se trouvent aussi bien au-dessus d'une personne, dans les autorités étatiques, que sur le plan horizontal parmi ses pairs (*clemency*) et au niveau inférieur par ses subordonnés (*whistleblowing*). Ce contrôle peut être exercé par des coquins[2], d'anciens complices que l'appât du gain a retournés, peu importe : seul le résultat compte. À la différence de

1. Voir à ce sujet Frédéric Gros, *Le Principe sécurité*, Paris, Gallimard, 2012, p. 235.

2. Comme le cas récent d'un *whistleblower* qui a été largement rémunéré alors qu'il avait été auparavant incarcéré pour des faits connexes.

l'univers juridique soucieux de l'intention, le monde économique est un monde *objectif*.

UTILISER LES MÊMES ARMES QUE L'ADVERSAIRE

Sur un plan plus pragmatique, les autorités, en transférant la charge de l'enquête, c'est-à-dire en exigeant et en obtenant de la part des entreprises concernées qu'elles fassent elles-mêmes les diligences et enquêtes internes nécessaires pour identifier tout manquement aux règles dont elles sont les gardiennes, s'économisent beaucoup de temps et d'argent et peuvent se concentrer sur la seule détermination du montant de la sanction (ou, plus exactement, de la transaction) qui sera imposée à l'entreprise. Cette dernière y trouve son compte en évitant les contraintes, les aléas et la publicité d'un procès public aux États-Unis (tout en promettant « qu'on ne l'y reprendra plus »).

Les autorités américaines recrutent ainsi des collaborateurs à moindre coût puisqu'ils seront rémunérés soit par les entreprises (enquêtes privées), soit sur le prélèvement des sommes qu'ils auront permis de récupérer dans le cas du *whistleblowing*. Ces collaborateurs rapporteront de surcroît des sommes considérables, à en juger les montants parfois faramineux des amendes. On voit comment un investissement législatif initial permet aux autorités américaines de collecter des sommes d'argent très importantes qui augmentent leur capacité de réaction en cas de résistance d'une entreprise récalcitrante.

L'incitation offerte par l'État à des personnes physiques ou morales ayant commis des infractions, de se voir accorder une certaine clémence en échange d'informations permettant d'incriminer d'autres personnes délinquantes, a toujours été pratiquée aux États-Unis. En revanche, la rationalisation et la mise en œuvre quasi systématique en matière d'infractions économiques de l'incitation à la délation sur des fondements légaux, c'est-à-dire prévus par la loi, sont plus récentes. La logique est simple et implacable : l'État a besoin de savoir qui viole la règle pour pouvoir sanctionner les fautifs et faire régner l'ordre. L'entreprise qui sera la première à dénoncer le comportement de ses acolytes sera donc privilégiée dans le traitement de l'infraction et des sanctions : ainsi, quiconque aurait participé à une violation collective de la règle a intérêt à révéler cette dernière à l'État. Dès lors, un simple raisonnement économique conduira de nombreuses entreprises à aller à Canossa plutôt que de risquer une amende d'un montant très largement supérieur. On retrouve ici la convergence entre l'intérêt et le calcul. En échange de la dénonciation, le repenti se voit accorder une diminution de peine. Celle-ci n'étant que pécuniaire, c'est donc un avantage financier qui est accordé à l'entreprise fautive (sous forme d'une réduction des charges) en contrepartie de l'information. S'agit-il d'un système créé dans le but vertueux de sanctionner les coupables et de faire triompher le droit, ou s'agit-il, en réalité, d'obtenir le plus grand nombre de transactions, et donc de récupérer le plus d'argent possible ?

Sans doute les deux, en réalité. Cette bonne opération pour le Trésor américain s'explique certes par des impératifs budgétaires, mais elle trouve aussi sa justification dans le défi que constituent ces nouvelles formes d'illégalismes. La criminalité organisée n'est certes pas nouvelle, pas plus que ne le sont la corruption ou la subversion politique, mais la mondialisation les favorise en raison de leur souplesse intrinsèque et de leur aptitude à se coordonner de manière secrète (ce qui sera combattu par un surcroît de transparence). L'ouverture des marchés a profité aux entreprises qui sont devenues de véritables mastodontes dont la taille atteint celle de certains États. Cette puissance financière est convertible en intelligence juridique. Le dernier rapport de l'OCDE sur la situation en France[1] montre que les techniques de corruption se sont sophistiquées et qu'il devient de plus en plus difficile de les détecter avec des moyens publics. Si un montage financier est le fruit de cent heures de travail de juristes très qualifiés, comment un Parquet pourra-t-il le « percer » entre mille autres dossiers, en n'ayant que quelques heures à lui consacrer ? Les chiffres parlent d'eux-mêmes...

La mondialisation accuse la dissymétrie entre les forces non étatiques – entreprises, organisations criminelles ou associations terroristes – et les États. Elle accorde une prime aux organisations souples, réactives, informelles, aux déplacements rapides, qui ne sont encombrées ni d'un territoire, ni d'une administration ; et pénalise réciproquement les États territorialisés et tenus à respecter des procédures démocratiques lourdes et contraignantes. Le marché global exaspère la dialectique réglementaire.

Quels que soient leurs moyens, les États ne peuvent tout savoir de ce qui se passe sur leur territoire et encore moins dans le monde. Les méthodes dont ils disposaient jusqu'ici – notamment l'enquête classique – peuvent atteindre des coûts exorbitants pour des résultats modestes. Cette difficulté est accrue par le type de délits que combat ce nouveau dispositif : la corruption, les ententes illicites, la violation des embargos ou le

1. *Rapport de phase 3 sur la mise en œuvre par la France de la Convention de l'OCDE sur la lutte contre la corruption*, 23 octobre 2012.

délit d'initié. Ces infractions sont particulièrement difficiles à prouver car elles ne violent pas le droit frontalement mais le *faussent*. Elles mettent en échec non seulement l'ordre public, mais aussi le droit lui-même. La corruption est un crime contre la possibilité même du droit, comme l'entente illicite ou le délit d'initié réduisent à néant la concurrence elle-même, qui est le cœur du marché. Comme la violation des embargos, elles ont en commun de faire primer la relation sur la règle.

En choisissant de se situer sur le plan de la relation, les autorités américaines jouent sur le même registre que celui où le mal se produit. Leur action s'efforce de ressembler le plus possible à celles de leurs adversaires[1] pour les contrarier mais en adoptant le même langage. Le monde est désormais exclusivement mû par l'intérêt ? Elles renchérissent la prime. Le péril vient d'ententes illicites ? Elles tentent de briser la solidarité malsaine par l'appât du gain. La guerre devient cybernétique ? Elles vont recruter des initiés, des *hackers*. Le statut juridique du repenti mis en place par les différentes législations[2] en matière de lutte contre la criminalité organisée (ou de terrorisme) répond à la même logique.

On retrouve dans la lutte anticorruption, et plus généralement contre la criminalité économique, des traits communs à la lutte anti-mafia d'avant-hier ou au combat d'hier contre le terrorisme : un certain relâchement des preuves, une tendance inquisitoriale (qui semble historiquement se renforcer

1. On retrouve la même attitude en matière de terrorisme : Les terroristes déformalisent la guerre ? Les États déformalisent leur riposte en utilisant des agents secrets, des drones, des « liquidations » ciblées. Les organisations criminelles reposent sur le secret et la confiance ? Elles dérogent aux principes du droit pour faire de la relation le support de la politique.

2. Par exemple : lois Perben I.

à chaque fois que le monde s'ouvre et qu'augmente la mobilité sociale). La lutte contre une criminalité liée à la circulation, profitant de la liquidité de la mondialisation, doit se montrer aussi astucieuse et inventive.

En apparence, tout le monde y gagne. Moins de procès, moins de publicité, une conformité accrue... Et la justice, y gagne-t-elle ? La réponse est délicate car la justice s'accomplit bien, mais sans jamais se montrer. D'un côté, après ce traitement radical, les faits sont établis, les sommes litigieuses restituées et les mesures préventives sont prises ; en bref, le travail judiciaire est réalisé. Le procès en revanche est remis indéfiniment et n'aura sans doute jamais lieu. C'est donc en quelque sorte une justice « dealatoire » : en référence d'abord aux arrangements qui en sont le moteur, mais aussi à cette curieuse attitude qui consiste à remettre toujours le moment de la justice. Dans la justice ordinaire, une partie peut invoquer des arguments dilatoires pour retarder le jugement ; ici, la justice est passée sans jamais se dire. Le moment de vérité, celui qui pourrait donner au citoyen la réponse à ses questions sur les agissements des multinationales, à ses ressentiments peut-être, n'arrive jamais. Ces *deals*, qui portent sur des sommes considérables, parlent-ils au peuple ? Voici encore une question ouverte. La justice dealatoire, nouvelle et déroutante, soulève en effet nombre de difficultés, dont on semble parfois hésiter à parler, de peur de passer pour une vieille lune. Efficace et moderne, cette pratique sidère en partie la critique : c'est ce manque que le présent ouvrage voudrait contribuer à combler, en recensant quelques-unes des questions qu'elle pose à l'entreprise, à la défense, à la justice, aux autorités françaises et à l'Europe.

CHAPITRE 1

Une nouvelle géopolitique de la norme

Hubert de Vauplane

Les relations internationales contemporaines se caractérisent par un double phénomène : la privatisation de la politique étrangère des États et la publicisation des relations économiques. D'un côté, en effet, on assiste dans certains pays ou régions – notamment en Afrique[1] – au développement de l'emprise du secteur privé sur la conduite diplomatique des États, en raison d'un rapport de forces inversé entre États et sociétés ; d'un autre côté, on constate une politisation du commerce, c'est-à-dire une pénétration de la diplomatie dans le commerce international. Dans un cas comme dans l'autre, les entreprises ont dû adapter leur organisation en mettant en place une « diplomatie d'entreprise », ou *business diplomacy*[2], témoignant de l'élargissement permanent des frontières de la gouvernance économique et du rôle croissant des entreprises dans les relations internationales[3]. Le brouillage des rapports entre la sphère publique

1. François Constantin, « La privatisation de la politique étrangère, à partir de la scène africaine », *Pouvoirs*, 1999, p. 88.

2. Michel Kostecki & Olivier Naray, "Commercial Diplomacy and International Business", *Netherland Institute of International Relations*, avril 2007.

3. Evren Köksal, *The Impact of Multinational Corporations on International Relations*, Middle East Technical University (METU), décembre 2006.

et la sphère privée est une conséquence de l'interconnexion entre la politique et l'économie.

Nous allons nous arrêter sur l'un des phénomènes qui illustre cette tendance de fond : l'utilisation par la puissance publique des normes régaliennes dans le jeu du commerce comme outil de diplomatie. Les échanges commerciaux apparaissent chaque jour davantage comme un moyen – et non une fin – dans la conduite de la politique étrangère de certains États. Certes, cette interférence n'est pas nouvelle en soi, mais elle s'intensifie avec la mondialisation. Cette évolution s'est traduite, ces dernières années, par l'influence de ces normes hors du seul cadre national, c'est-à-dire hors du cercle de compétence traditionnel des États : les règles de restriction au commerce édictées par certains ont tendance à dépasser les frontières de ces États pour s'appliquer plus largement. Ce phénomène oblige les entreprises, surtout les plus internationales et les plus actives dans le commerce mondial, à s'organiser différemment. Traditionnellement, en tant que sujet de droit, une entreprise doit respecter les règles et normes du pays dans lequel elle a son siège social, mais aussi de celui où elle exerce ses activités. Certes, les plus internationales d'entre elles ont tendance, par souci de simplification et d'efficacité (et donc de coûts), à réduire l'application de législations étrangères en se concentrant sur certaines juridictions. Ce phénomène est particulièrement important en matière de droit du travail[1] et de droit

1. Que l'on songe aux compagnies aériennes dites *low cost* qui, par leur organisation, tentent de soustraire aux contraintes du droit du travail leurs relations avec certains de leurs salariés implantés dans des pays à législation sociale considérée comme « peu flexible ».

fiscal[1]. Même ces entreprises, pourtant les mieux organisées pour « optimiser » les différences de législations, sont perturbées par la diplomatie économique de certains États car elles doivent intégrer des normes de pays tiers qui en principe ne sont pas censées s'appliquer à elles.

LA DIPLOMATIE PAR LES SANCTIONS ÉCONOMIQUES, NOUVEL ENJEU ENTRE ÉTATS

Le commerce est devenu une arme diplomatique. On pense immédiatement aux négociations de l'OMC et aux confrontations, parfois rudes, entre États dans ce forum où la carotte et le bâton sont tour à tour utilisés. Mais l'arène est fermée, car les joueurs sont tous des États qui savent commercer entre eux. Si le commerce est affaire d'hommes et d'entreprises, les négociations commerciales sur la suppression des droits de douanes et l'ouverture des frontières aux produits et services d'un pays ou d'une zone géographique restent de la compétence exclusive des États. Ce jeu du chat et de la souris a ses règles et ses codes que les acteurs maîtrisent bien. Cette réalité n'a pas tellement évolué, même à l'heure de la globalisation, où des entreprises sont parfois plus riches que certains pays et pèsent de tout leur poids dans les discussions relatives au commerce international.

Tout autre est la situation lorsqu'un pays utilise ses pouvoirs régaliens vis-à-vis des entreprises pour faire pression sur

1. On pense ici au débat affectant Google, Yahoo! et d'autres acteurs d'Internet accusés de payer des impôts sans aucune commune mesure avec les activités exercées sur tel ou tel territoire.

un autre État. Il peut en effet le faire en édictant des mesures restrictives au commerce avec tel ou tel pays et ses ressortissants. Si cette interférence entre diplomatie et commerce remonte à l'Antiquité, la codification récente de ces mesures dans l'ordre public international conduit à n'y avoir recours que de façon exceptionnelle et limitée à des situations particulières. Les Nations unies, mais aussi certains États, ont développé des règlementations particulières visant à limiter, voire interdire toute opération commerciale à l'encontre non seulement de certains individus ou de certaines organisations mafieuses ou terroristes, mais aussi de certains États mis au ban des nations car violant les règles les plus élémentaires du droit international, par exemple les droits de l'homme. Les sanctions économiques – embargo, gel des avoirs, boycotts et autres sanctions financières – poursuivent des objectifs politiques par des moyens économiques. Elles permettent, comme le disait le président des États-Unis d'Amérique Wilson, de se passer de l'acte de guerre tout en infligeant des dommages importants à l'État visé, et ce sans pertes du côté des « censeurs ».

Les sanctions économiques ou financières sont prises soit au niveau des États, comme des décisions unilatérales, soit au niveau international dans le cadre, le plus souvent, des Nations unies. Elles peuvent être complétées ou précédées par d'autres mesures comme des sanctions culturelles, diplomatiques ou des restrictions de circulation, notamment vis-à-vis de certains individus, y compris les dirigeants de pays souverains. Lorsque ces mesures sont prises au niveau des Nations unies, elles s'inscrivent dans le cadre du chapitre VII de la Charte, comme alternatives à une action militaire et dans le but de préserver la paix qui demeure l'objectif primordial des

Nations unies. C'est en ce sens qu'elles participent à l'ordre international.

L'Union européenne estime que les sanctions économiques décidées à l'encontre d'États ou d'individus doivent être prises dans le cadre des Nations unies, en privilégiant ainsi la dimension multinationale de l'ordre international. Mais l'Union européenne s'est aussi réservé la possibilité d'imposer des sanctions économiques comme outil autonome de sa politique étrangère. Toutefois, ces mesures, lorsqu'elles sont utilisées en dehors du cadre des Nations unies, doivent être « conformes aux objectifs de la politique étrangère et de sécurité commune (PESC), énuméré à l'article 11 du TUE[1] » – à savoir, le respect des droits de l'homme.

Les États-Unis d'Amérique adoptent une approche différente : ils considèrent que les sanctions économiques constituent un instrument de la politique étrangère et de la défense de leur sécurité nationale. Elles permettent de lutter contre des pays ciblés (les « États voyous »), des entités terroristes internationales ou des narcotrafiquants dans la mesure où ceux-ci menacent la sécurité nationale. Les États-Unis se réservent donc le droit d'utiliser leurs pouvoirs de diplomatie économique à des fins purement sécuritaires. On est loin de l'approche humanitariste de la politique étrangère européenne. D'autant que le réalisme économique n'est jamais absent des décisions prises. S'il apparaît que certaines activités peuvent tout à la fois permettre la mise en œuvre d'une politique étrangère particulière sans défavoriser les acteurs écono-

1. *Lignes directrices concernant la mise en œuvre et l'évaluation de mesures restrictives (sanctions) dans le cadre de la politique étrangère et de sécurité commune de l'UE*, document 15114/05 du Conseil, 2 décembre 2005.

miques nationaux, alors l'opportunisme n'aura pas de limite. En témoignent là encore les nombreuses exceptions consenties par les États-Unis à leurs embargos en faveur de l'industrie pharmaceutique, alimentaire ou des télécommunications[1].

LA LUTTE CONTRE LA CORRUPTION COMME OUTIL DE DIPLOMATIE

La lutte contre la corruption répond (devrait répondre ?) à une logique différente de celles des sanctions économiques. Il s'agit en effet ici de lutter contre un fléau international, source d'accroissement de la pauvreté des populations locales par accaparement des richesses par un petit nombre et cause d'instabilité politique. Un objectif moral qui rejoint les intérêts de l'économie car la corruption fausse le marché et son éradication favorisera des règles de concurrence stables et saines entre les acteurs. Ce double objectif fait consensus, du moins sur le papier. À y regarder de près, les réglementations édictées par les États les plus « vertueux » en la matière semblent poursuivre aussi une autre fin. Non pas un objectif caché mais un objectif additionnel : faire pression sur certains États en faisant pression sur les entreprises qui travaillent avec eux[2]. Ainsi, parce que leurs effets dépassent le seul cadre

1. Comme en témoigne le communiqué du département du Trésor en date du 30 mai 2013, préconisant d'assouplir l'embargo en direction de l'Iran pour les téléphones portables, logiciels et autres technologies de télécommunications qui profitent à la fois aux opposants... et à l'industrie américaine.

2. Voir l'exemple récent où les entreprises chinoises Huawei et ZTE ont été qualifiées en mars 2013 par une commission du Congrès américain de

national, ces réglementations peuvent non seulement s'inscrire dans la politique étrangère de sécurité d'un État, mais aussi favoriser « indirectement » ses entreprises qui maîtrisent mieux les subtilités de ces réglementations mais surtout qui se livrent à un lobbying intense auprès des politiques pour obtenir des exemptions catégorielles ou spécifiques.

Ainsi, les réglementations aussi bien économiques et politiques que « morales » sont de plus en plus utilisées par les États comme instruments de leur politique étrangère. Mais, pour être efficaces, ces instruments doivent disposer de forces juridiques particulières. Ces lois et règlements sont inutiles – ou peu efficaces – si leur application ne dépasse pas les frontières de l'État qui les édicte.

LA QUESTION LANCINANTE DE L'EXTRATERRITORIALITÉ DES NORMES

The long arm of the law, décrit par Redding dans l'un de ses célèbres articles[1], se caractérise par l'emprise que peuvent exercer certaines législations nationales sur des activités économiques se déroulant dans des pays tiers. *The long arm of the law* est une expression qui trouve ses origines dans les westerns américains en référence à une justice implacable et

« menace pour la sécurité des États-Unis » en ce que ces équipementiers télécoms agiraient sous influence de leur gouvernement. Et de dénoncer la corruption qui régnerait au sein de ces deux groupes, conduisant ainsi le Congrès à recommander (!) au gouvernement et aux entreprises américaines de ne pas conclure de contrats avec ces sociétés.

1. « 2007 Int'l Bus », *L.J.* 659 (2007).

sévère, même au fin fond du *wild west*. On aura reconnu dans l'utilisation de cette formule la volonté des pouvoirs publics américains de faire régner l'ordre non seulement au sein de leurs États mais aussi au-delà, en s'autoproclamant « gendarme du monde », au moins tant que cela correspond avec leurs propres intérêts diplomatiques ou commerciaux[1].

Lorsqu'un pays – et encore plus s'il s'agit de la première puissance économique mondiale – considère que ses lois et règlements ont une portée internationale dans certaines circonstances, les entreprises mondiales doivent se poser la question de l'intégration de ces normes dans leur fonctionnement.

La première question à examiner est celle de savoir quels sont, parmi l'arsenal législatif d'un pays, les lois et règlements qui ont une portée internationale. En réalité, la question ne se pose véritablement aujourd'hui que pour le droit américain, compte tenu, comme indiqué plus haut, de la puissance économique du pays, de sa force militaire et diplomatique qui lui permettent de prendre de telles mesures. Aucun autre pays ne peut aujourd'hui imposer ses propres règles de droit au-delà de ses frontières. Même la Grande-Bretagne, avec sa nouvelle loi sur la lutte contre la corruption, ne peut y prétendre. Car si cette loi contient bien des dispositions de portée extraterritoriale, la Grande-Bretagne n'a pas les moyens – ni la volonté d'ailleurs – d'imposer de façon coercitive son droit à des tiers. Pas plus que la Chine ou la Russie, mais pour d'autres raisons qui leur sont propres, comme leur relation au temps et la

1. Plutôt que « gendarme », on se demande s'il ne faut pas préférer employer le mot « milice », le premier étant au service de l'intérêt général alors que le second défend des intérêts privés.

dépendance encore trop forte de ses exportations vis-à-vis des marchés occidentaux pour la première, et le faible nombre de multinationales leaders pour la seconde[1]. Même si la montée en puissance des BRICs relativise chaque jour un peu plus le poids de la *business diplomacy* des États-Unis d'Amérique[2], l'heure de la fin de cette domination n'a pas encore sonné.

Comment, donc, déterminer pour une entreprise multinationale non américaine ce qui, en droit américain, constitue une norme extraterritoriale ? Paradoxalement, il n'existe pas de dispositions législatives générales en droit américain sur les conditions dans lesquelles une loi peut avoir des effets extraterritoriaux[3]. En l'absence de lois, la doctrine américaine, dans le *Restatement (Third) of Foreign Relations Law of the United States*[4], considère que les États-Unis d'Amérique et les États qui les composent peuvent exercer légitimement leur pouvoir législatif à l'étranger dès lors qu'une activité produit, ou est censée produire, des « effets substantiels » sur le territoire américain, à condition toutefois que l'exercice d'une telle compétence ne soit pas « déraisonnable ». Dit autrement, selon la doctrine américaine, l'application extraterritoriale

1. Pour autant, l'utilisation de Gazprom ou des nouveaux conglomérats dans l'acier et le fer comme outil de la diplomatie russe ne fait aucun doute (on se souvient des exigences de Moscou face au pouvoir jugé trop occidental de l'Ukraine, qui a conduit Gazprom, sur l'ordre du gouvernement russe, à augmenter en plein hiver le prix du gaz et menacer de couper l'approvisionnement de l'Ukraine si celle-ci ne s'exécutait pas à payer le nouveau prix).

2. Voir Kenneth A Rodman, *Sanctions beyond Borders : Multinational Corporations and U.S. Economic Statecraft*, Lanham, Rowman & Littlefield Publishers, 2001.

3. Sur les développements qui suivent, voir Paul Lanois, *L'Effet extraterritorial de la loi Sarbanes Oxley*, Paris, Revue Banque Éd., 2008.

4. Édité par l'American Law Institute en 1987.

d'une loi américaine peut être tenue pour valide à la double condition qu'il existe un lien de rattachement suffisant avec l'État qui a édicté la norme et qu'une activité exercée à l'étranger puisse avoir un effet sur les intérêts américains.

On comprend dès lors que le rôle du juge est primordial, car c'est à lui que reviendra de vérifier les critères pour l'application extraterritoriale de la loi. La jurisprudence américaine reconnaît au Congrès le pouvoir de faire respecter ses lois au-delà du territoire national (*EEOC v. Arabian American Oil Co.*, 499 US 244, 248, 1991)[1]. Les juges estiment qu'en l'absence d'une disposition expresse, une loi ne doit pas avoir d'effet extraterritorial, sauf à rechercher l'intention du législateur. Pour ce faire, le juge retient deux critères, celui des « effets » et celui des « manœuvres » : la loi américaine est applicable dès lors qu'une opération produit des effets sur le territoire des États-Unis (*effects test*) ou lorsque des manœuvres ont été effectuées sur le territoire américain (*conduct test*).

On conviendra que cette approche, tout empirique, n'est pas d'un grand secours pour les entreprises non américaines. Celles-ci sont ainsi susceptibles à tout instant de se voir appliquer des règles américaines si un juge américain estime que l'un des deux tests est positif. En pratique, cela conduit les plus grandes de ces entreprises à se doter de juristes de droit américain au sein de leur direction juridique afin, au minimum, d'appréhender la culture juridique des États-Unis, non seulement pour les opérations effectuées sur le sol américain, mais aussi pour les mesures qui pourraient avoir un effet au-delà.

1. "Congress has the authority to enforce its laws beyond the territorial boundaries of the United States."

Quelles sont ces mesures ? On pense, bien sûr, à tout l'arsenal relatif à la lutte contre le blanchiment de capitaux et le financement des entreprises, mais aussi à la lutte contre la corruption (FCPA), ou à l'évasion fiscale, aux abus de marché, à la gouvernance d'entreprise pour les sociétés cotées sur une Bourse américaine, et, bien sûr, aux lois anti-trust[1].

Jusqu'à quel point une société doit-elle appliquer une réglementation étrangère ? Comment intégrer ces normes dans le corps réglementaire interne à l'entreprise ? Car le jour où l'entreprise décide de faire siennes ces réglementations, elle doit mettre en place les procédures qui lui permettent de s'assurer à titre préventif de leur respect. Prenons l'exemple d'une société qui décide d'appliquer unilatéralement les mesures de l'administration américaine en matière d'embargos. Du jour où elle prend cette décision, il lui est difficile de revenir en arrière. Tout comme il lui est délicat, pour ne pas dire impossible, de décider de n'appliquer qu'une partie de ces règles si certaines ne lui conviennent pas. Le choix pour beaucoup d'entreprises est alors : « Dois-je m'aligner sur le droit américain, ou bien puis-je continuer à ignorer les réglementations extraterritoriales de ce droit ? » La réponse est individuelle et propre à chaque situation. Ne pas s'aligner risque de créer un décalage par rapport aux entreprises concurrentes, et créer ainsi des difficultés avec les investisseurs, voire avec les clients américains qui pourraient exiger un tel respect. Mais le danger le plus important consiste à devoir expliquer « un jour » aux autorités de ce pays les raisons qui ont conduit à écarter ces

1. Voir Hubert de Vauplane, « Les entreprises européennes face à l'extraterritorialité du droit américain », *Revue Banque*, n° 724, mai 2010, p. 78.

réglementations alors que l'entreprise entretient des liens plus ou moins étroits avec le marché américain (l'un des critères de l'extraterritorialité, comme on l'a vu). Plus ces liens seront nombreux et importants, plus il sera difficile pour l'entreprise d'accepter de se voir bloquer l'accès à ce marché par l'administration américaine. À l'inverse, s'aligner sur cette réglementation retire de la souplesse et crée de la contrainte en ce que certaines obligations américaines sont particulièrement lourdes à mettre en œuvre et nécessitent la mobilisation de moyens importants souvent disproportionnés par rapport aux activités exercées sur le territoire américain. C'est pourquoi cette décision est éminemment stratégique : elle doit intégrer de nombreuses considérations et ne sera prise, en tout état de cause, qu'après une analyse des multiples impacts sur l'entreprise, le plus souvent par la direction générale de l'entreprise.

Le moment où la question de l'application extraterritoriale du droit américain prend le plus d'acuité intervient lorsqu'une entreprise se voit prise dans les filets de l'administration américaine (que ce soit en matière d'antitrust, de lutte contre la corruption, de terrorisme ou de violation de certains embargos). Son premier dilemme est simple : doit-elle coopérer avec cette administration ? Répondre positivement revient à accepter la compétence du régulateur – et donc du juge – américain alors que cette application pourrait être juridiquement contestée. Cela revient aussi à entrer dans une phase longue et (très) coûteuse d'enquête interne pour justifier, devant cette administration et la justice, de la bonne volonté de coopération ; y compris en renonçant à des privilèges de juridiction et de confidentialité, voire en « sacrifiant » quelques salariés au nom de la protection de l'entreprise. En tout état de cause, il est vraisemblable que même avec une pleine et entière coopération, l'entreprise devra s'acquitter d'une amende lourde. Ce sera le prix à payer pour garder ouvert l'accès au marché américain. Refuser de coopérer expose l'entreprise au risque de voir cette administration imposer des mesures de rétorsion à son encontre (saisie d'actifs sur le sol américain en cas de condamnation, impossibilité de conclure un contrat avec toute administration américaine pour le futur...). Dans les exemples récents, la plupart – si ce n'est la totalité – des entreprises françaises (mais sans doute aussi européennes) qui ont eu des démêlés avec une administration et la justice américaines ont choisi la voie de la coopération. Trop d'enjeux commerciaux existent pour prendre le risque de la refuser. Même si le coût est élevé entre l'amende, les frais d'avocats et de cabinets de consultants, il sera toujours moindre que les conséquences de la fermeture du marché américain. Et pourtant, juridiquement, il y aurait bien des arguments à avancer pour contester certaines décisions de la justice américaine. Mais l'entreprise qui déciderait de se lancer dans une telle approche doit être bien sûre de son fait et prête à endosser les conséquences quant à l'accès au marché américain.

Les seules à s'y aventurer seront les sociétés chinoises ou russes, car la diplomatie économique de ces pays heurte parfois de front celle des États-Unis d'Amérique.

COMMENT S'ORGANISENT LES ENTREPRISES FACE À CES NORMES ?

Si les entreprises doivent appliquer l'ensemble des réglementations qui leur sont applicables, l'augmentation des normes un peu partout dans le monde peut conduire certaines d'entre elles à ne pas toutes les respecter. Il s'agit là d'un risque que l'on pourrait intituler « non intentionnel », en ce que le non-respect résulterait, non pas d'une décision, collective ou individuelle, mais de la complexité, voire de l'ignorance de certaines réglementations. Mais l'entreprise peut aussi faire des choix de gestion où la dimension juridique entre en jeu. En effet, contrairement à une idée reçue, la soumission de l'entreprise à la norme juridique n'est ni automatique ni systématique. Les dirigeants et les managers prennent en effet des décisions rationnelles au regard des avantages que pourrait tirer l'entreprise à ne pas se conformer à cette norme[1]. Mais, même dans une telle situation, les entreprises doivent identifier l'ensemble des règles et des normes qui s'appliquent à elles. Une fois ces règles identifiées, se pose la question de leur mise en œuvre effective au sein de l'entreprise. C'est ici qu'intervient la fonction « conformité ».

Il n'existe pas de définition claire de la conformité réglementaire[2]. Le terme « conformité » est une traduction du mot anglais *compliance* en ce qu'il exprime l'observance d'une norme. La *compliance* est toutefois plus large en ce qu'elle représente un ensemble d'actions, de décisions et de *process*. La conformité (ou non-conformité) réglementaire est étroitement liée à la notion de risque juridique. Un auteur définit le risque juridique comme résultant de la conjonction d'une norme juridique et d'un événement (changement de la norme,

1. Philip Bromiley & Alfred Marcus, "The Deterrent to Dubious Corporate Behavior : Profitability, Probability, and Safety Recalls", *Strategic Management Journal*, 10, 1989, p. 233-250.

2. Christophe Roquilly, Christophe Collard, *De la conformité réglementaire à la performance : pour une approche multidimensionnelle du risque juridique*, Lille, EDHEC, septembre 2009.

transgression, application ou agression par la norme) : un certain degré d'incertitude vient frapper la norme ou l'événement pour faire naître un risque juridique[1]. Cette définition est plus large que celle proposée dans le cadre des accords de Bâle en matière bancaire, selon laquelle le risque juridique inclut notamment le fait pour l'entreprise de s'exposer à des amendes, des dommages punitifs et des sanctions diverses résultant des actions menées par les autorités de supervision ou des personnes privées. Cette dernière définition se concentre sur les conséquences du non-respect, alors que le risque juridique doit aussi être appréhendé à travers ses causes. Cette vision du risque selon les conséquences se retrouve dans la définition du règlement n° 97-02 du Comité de la réglementation bancaire et financière qui établit le fonctionnement des établissements de crédit en France :

> le risque de sanction judiciaire, administrative ou disciplinaire, de pertes financières significatives ou d'atteinte à la réputation, naissant du non-respect des dispositions propres aux activités bancaires ou financières, qu'elles soient de nature législative, réglementaire, ou qu'il s'agisse de normes professionnelles et déontologiques, ou d'instructions de l'organe de marché.

La gestion du risque juridique – et donc du risque de non-conformité réglementaire – nécessite de la part de l'entreprise une réelle capacité à identifier et à analyser le cadre réglementaire dans tous les pays où une activité est exercée, mais

1. Christophe Collard, « Le risque juridique existe-t-il ? Contribution à la définition du risque juridique », *Cahiers de droit de l'entreprise*, n° 1, janvier 2008, p. 8 *sq*.

également à déterminer le niveau de risque qu'elle est prête à prendre, comme le souligne le Committee of Sponsoring Organizations of the Treadway Commission (COSO) dans le cadre de références qu'il a élaborées en matière de management des risques[1].

L'ORGANISATION DE LA CONFORMITÉ DANS LES ENTREPRISES

Il n'existe pas d'organisation idéale de la fonction conformité au sein d'une société. C'est d'abord une question de culture d'entreprise, de nature des activités exercées, d'aversion aux risques et de sensibilité à la réglementation des dirigeants, tout un ensemble d'éléments qui vont conduire à plus ou moins centraliser cette fonction, à la rapprocher des fonctions opérationnelles et de production, voire à la rattacher à la direction juridique[2]. Tout est ici question de mesure et de cas particulier.

Certaines entreprises ont mis en place plus tôt que d'autres des départements « conformité » au sein de leur organisation. Ce furent logiquement d'abord celles dont les activités sont réglementées, comme l'industrie de la défense, la pharmacie, l'énergie, la finance, bien sûr, pour ne prendre que ces exemples. Celles-là se sont organisées de telle façon à pouvoir

1. Guidance on Enterprise Risk Management – Integrated Framework (2004), également connu sous l'appellation « COSO 2 ».

2. Sur ce dernier aspect, voir Christophe Collard, Catherine Delahaye, Henry-Benoît Loosdregt, Christophe Roquilly, *Risque juridique et Conformité. Manager la compliance*, Paris - Rueil-Malmaison, EDHEC-Lamy, 2011.

s'assurer que tout au long de leur chaîne de production ou de traitement, les différentes réglementations nationales qui s'appliquent à elles sont intégrées dans leur processus. D'autres entreprises sont venues à la conformité un peu sous la contrainte, à la suite de la découverte de problèmes de corruption ou de malversations, ou de non-respect de certaines réglementations spécifiques. Pour les autres qui ne sont pas soumises statutairement à des règles particulières, ou qui n'y ont pas été contraintes suite à des problèmes internes, la décision de se doter d'une organisation propre en charge du suivi de la réglementation relève avant tout d'un acte de gestion de la part de la direction générale. C'est une volonté managériale qui motive la décision : ce point est important en ce qu'il permet l'obtention d'un soutien déterminé de la direction générale dans la mise en place de la conformité, alors que dans les sociétés comme celles, par exemple, relevant du secteur de la finance, telles les banques ou les assurances, la décision de création d'une fonction de conformité relève d'abord de la loi ou du règlement. Il s'agit alors d'une décision subie, imposée, et qui ne bénéficie pas toujours du même support managérial que dans le cas précédent ; la conformité y est vue comme l'« œil du régulateur » et moins comme un outil de management.

La conformité au sein de l'organisation d'une entreprise détermine en partie sa mission et ses moyens : plus elle sera perçue comme une extension des missions du régulateur sectoriel, moins elle sera légitime en interne et plus son travail sera difficile. Plus au contraire elle sera considérée comme un outil intégré du processus productif, plus elle sera acceptée d'un bout à l'autre de l'organisation de l'entreprise et son travail s'en trouvera facilité. La comparaison des effectifs entre les entreprises qui « subissent » la conformité et celle qui la « décident » est à cet égard intéressante. Alors que dans le secteur de la finance, archétype de la conformité « subie », les effectifs des fonctions de conformité dans les grandes entreprises dépassent les quelques centaines (pour un ratio d'environ 0,3 conformité / effectif total), ces même effectifs dépassent rarement la centaine dans les autres grandes entreprises. Ce qui souligne sans doute une différence d'efficacité.

Qu'en conclure ? L'entreprise se trouve propulsée malgré elle au cœur de la politique diplomatique des États. Elle n'a donc d'autre choix que d'intégrer cet élément dans sa propre stratégie de développement. Si aujourd'hui il lui est difficile de s'opposer à la mise en œuvre en son sein de certaines réglementations américaines, viendra demain le temps où elle devra faire un choix. Lorsque la Chine et d'autres BRICs se sentiront suffisamment puissants à leur tour pour demander aux entreprises européennes de choisir entre le respect d'une réglementation américaine et l'accès au marché chinois, le choix sera délicat. Et la plupart des entreprises n'y sont pas préparées.

Chapitre 2

Une justice négociée

Olivier Boulon

> Je suis la plaie et le couteau !
> Je suis le soufflet et la joue !
> Je suis les membres et la roue,
> Et la victime et le bourreau !
>
> Baudelaire, *L'Héautontimorouménos* [1].

Alcatel-Lucent, Technip, Siemens, Daimler, Lloyds, Crédit Suisse, Barclays, Total, ING, HSBC, ABN AMRO, Standard Chartered, ENI, BAE Systems : quel est le point commun à toutes ces entreprises européennes ? Au cours des cinq dernières années, elles ont chacune versé plus de 100 millions de dollars au gouvernement américain pour mettre un terme à des poursuites diligentées contre elles en raison de prétendus manquements à des lois extraterritoriales américaines. Depuis cinq ans, le montant total des sommes versées par ces seules entreprises aux autorités américaines dépasse les 7 milliards de dollars. Pourtant, autre

1. L'*Héautontimorouménos* signifie littéralement « bourreau de soi-même », en grec ancien. C'est à l'origine le titre d'une pièce du dramaturge latin Térence.

point commun à toutes ces entreprises, aucune n'a été jugée ni reconnue coupable par une juridiction américaine. Aucune n'a même fait l'objet d'un procès. Enfin, toutes ces entreprises ont été mises en cause par le gouvernement américain pour des faits ayant eu lieu, pour l'essentiel, en dehors des États-Unis.

Cette liste devrait s'allonger au cours des prochaines années. Faisant preuve d'un activisme sans précédent, les autorités américaines ont ouvert de nombreuses enquêtes sur des entreprises européennes, qu'elles soupçonnent d'avoir violé leur programme de sanctions économiques, leur droit boursier ou leur législation anticorruption. Si chacune de ces affaires est particulière, la multiplication des actions répressives contre des entreprises non américaines et le règlement systématique de ces affaires en dehors du cadre judiciaire classique traduisent l'émergence d'un nouveau mode de contrôle du marché global. Ce nouveau paradigme prend la forme d'une *justice négociée* dont le juge est paradoxalement absent.

Cette éviction du juge ne doit rien au hasard. Pour les entreprises, la perspective d'un procès aux États-Unis, aux procédures longues et coûteuses et au verdict potentiellement dévastateur, est une extrémité qu'il faut à tout prix éviter. Pour le gouvernement américain, la démonstration de la culpabilité de grands groupes internationaux devant la justice nécessite un travail colossal d'enquête et d'analyse de preuves aux résultats très incertains. Obtenir la coopération des entreprises poursuivies pour qu'elles acceptent de participer activement aux investigations menées à leur encontre est une solution nettement plus satisfaisante, et surtout plus économique. Cette *justice négociée* implique que les entreprises participent à leur propre incrimination, qu'elles deviennent

« bourreaux d'elles-mêmes » pour échapper au juge. Il en résulte une multiplication d'accords transactionnels qui scellent l'abandon des poursuites en échange du paiement d'amendes qui se chiffrent généralement en millions de dollars. Ce nouveau modèle répressif prend appui sur un ensemble de lois américaines à portée extraterritoriale, dont les plus emblématiques se manifestent dans le domaine de la lutte anticorruption, des sanctions économiques et du droit boursier.

LA LÉGISLATION ANTICORRUPTION AMÉRICAINE

Promulgué aux États-Unis en 1977 dans le sillage de plusieurs scandales de corruption, le *Foreign Corrupt Practices Act* (*FCPA*) fut la première législation nationale incriminant la corruption d'agents publics étrangers. Cette loi a joué un rôle majeur dans l'adoption des standards internationaux actuels en matière de lutte contre la corruption, et notamment la Convention de l'OCDE de 1997 sur la lutte contre la corruption d'agents publics étrangers dans les transactions commerciales internationales. Si plusieurs pays se sont dotés récemment de législations très ambitieuses en matière de lutte contre la corruption internationale, comme le Royaume-Uni avec l'adoption du *UK Bribery Act* entré en vigueur le 1er juillet 2011, les autorités américaines restent les plus actives dans la répression des entreprises multinationales accusées de violation de leur règles d'anticorruption.

Le *Foreign Corrupt Practices Act* comprend deux volets. Un volet pénal qui sanctionne la corruption directe ou indirecte d'un agent d'une autorité publique étrangère ou de toute personne agissant, officiellement ou non, pour le compte d'une autorité publique. Il comprend également un volet civil qui impose aux entreprises de mettre en place un système de contrôle interne permettant d'assurer un suivi efficace des transactions, paiements, flux financiers, et leur traitement comptable.

Le *Foreign Corrupt Practices Act* s'applique aux ressortissants et résidents américains mais aussi à toutes les personnes non américaines qui ont un lien de rattachement suffisant avec le territoire américain. En 1998, sous la présidence de Bill Clinton, a été adopté l'*International Anti-Bribery Act*, qui a étendu le champ d'application du *Foreign Corrupt Practices Act* à tout acte accompli sur le territoire américain par une personne physique ou morale étrangère qui participe directement ou indirectement à la commission d'un acte de corruption dans quelque pays que ce soit. Le *FCPA* interdit ainsi à toute société non américaine de commettre sur le territoire américain un « acte participant à un schéma de corruption ». Pour une entreprise non américaine, peut constituer un lien de rattachement suffisant avec les États-Unis : le fait d'être cotée en Bourse sur un marché américain (y compris sous la forme d'*American Depository Receipts*[1]), le fait d'y avoir une filiale

1. Les *ADR* (*American Depository Receipts*) sont des certificats négociables émis aux États-Unis par une banque et représentant une certaine quantité d'actions d'une société étrangère. Ils facilitent l'achat, la détention et la vente de titres non américains par des investisseurs américains. Selon leurs caractéristiques, ils peuvent être assimilés par la législation boursière américaine à des titres financiers cotés aux États-Unis. Les programmes *ADR* sont dits « sponsorisés » lorsqu'ils sont mis en place à la demande de la société étrangère concernée et « non sponsorisés » lorsque ces émissions de titres sont faites sans leur assentiment.

impliquée directement ou indirectement dans un acte de corruption ou le fait que des flux financiers impliqués dans des faits de corruption transitent par les États-Unis.

Les autorités américaines retiennent une interprétation extensive du champ d'application territorial du *FCPA*. Des actes *a priori* aussi anodins que l'envoi d'un e-mail à une banque américaine pour demander un transfert de fonds peuvent constituer un acte « participant » à un schéma de corruption. Un lien de rattachement même minime avec les États-Unis peut ainsi permettre aux autorités américaines de poursuivre une société étrangère sur le fondement du *Foreign Corrupt Practices Act* pour des faits de corruption commis partout dans le monde. Les dirigeants, employés ou agents de cette société pourront également faire l'objet de poursuites pénales sur le fondement de la législation américaine s'ils sont impliqués dans les faits incriminés, quel que soit leur lieu de résidence. Le gouvernement américain poursuit fréquemment des personnes physiques en violation du *FCPA*, y compris des dirigeants de sociétés non américaines, qui peuvent alors encourir des peines d'emprisonnement. Compte tenu de l'importance des États-Unis dans le système financier international, le *FCPA* permet ainsi aux autorités américaines d'enquêter et de réprimer un nombre considérable de faits de corruption partout dans le monde, selon leurs règles de droit et de procédure.

Les sanctions prévues par le *FCPA* sont lourdes. Pour les personnes morales, des amendes pouvant s'élever à 2 millions de dollars. Pour les personnes physiques, des amendes pouvant s'élever à 100 000 dollars et des peines d'emprisonnement d'une durée maximale de 5 ans. En outre, l'*Alternative Fines Act* dispose qu'une amende égale à deux fois le gain brut réalisé peut être prononcée contre l'auteur de l'infraction[1]. Au-delà des sanctions financières, une entreprise peut se voir interdire de répondre aux appels d'offres des administrations américaines ou même d'exercer certaines activités aux États-Unis.

Dans l'appréciation des manquements à cette législation, les autorités américaines prennent en considération l'existence et l'efficacité des programmes de prévention de la corruption mis en place au sein des entreprises. Les *Federal Sentencing Guidelines* disposent ainsi que l'existence d'un programme de conformité et son application effective constituent des circonstances atténuantes pour l'entreprise mise en cause. La coopération de l'entreprise dans la recherche des faits litigieux peut être également un élément à décharge susceptible de minorer les sanctions encourues.

Relativement peu appliqué dans les années qui ont suivi son adoption, le *FCPA* est devenu depuis le début des années 2000 un outil répressif essentiel pour le Department of Justice (DOJ) et la Securities and Exchange Commission (SEC). Les autorités américaines disposent désormais de moyens plus importants, notamment humains, pour assurer l'effectivité du *FCPA* et initier des poursuites contre les entreprises soupçonnées de violations. L'incitation financière accordée aux *whistleblowers* concourt largement à l'efficacité de la répression. Dans les affaires aboutissant à des sanctions pécuniaires supérieures à 1 million de dollars, le *Dodd-Frank Wall Street Reform and Consumer Protection Act* prévoit en effet que les personnes physiques qui fournissent spontanément des « informations originales » ont droit à une

1. 18 U.S.C. § 3571(d).

prime comprise entre 10 et 30 % du montant de la sanction prononcée sur la base de ces informations. Le montant définitif alloué sera déterminé au sein de cette fourchette par les autorités, prenant en compte notamment l'importance de l'information révélée.

Le droit américain non seulement autorise, mais prévoit donc un profit personnel au bénéfice du donneur d'alerte. Il s'agit d'inciter ceux qui constatent des méfaits à les dénoncer et de rassurer le donneur d'alerte qui craindrait de subir des représailles directes ou indirectes en lui donnant une incitation significative à y procéder. Les programmes de *whistleblowing* aux États-Unis ont déjà prouvé leur efficacité, notamment en matière fiscale. En septembre 2012, les autorités fiscales américaines ont ainsi versé 104 millions de dollars à Bradley Birkenfeld, un ancien employé d'UBS qui avait livré des informations sur les fraudes commises par des clients de la banque suisse[1]. À ce jour, il s'agit de la plus importante récompense jamais remise à un informateur aux États-Unis.

Les poursuites intentées par les autorités fédérales américaines sur le fondement du *FCPA* se soldent généralement par la conclusion d'accords transactionnels avec les entreprises poursuivies. L'engagement des poursuites pénales pour corruption d'un agent public étranger dans le cadre du *FCPA* relève du Department of Justice (DOJ), lequel dispose d'un total pouvoir d'appréciation sur l'opportunité des poursuites. Les décisions de classement ne donnent lieu à aucune motivation. Surtout, le ministère public peut décider de ne pas mettre

1. « UBS : l'informateur du fisc américain reçoit 104 millions de dollars », *Le Monde*, 11 septembre 2012.

en mouvement l'action publique ou d'y renoncer si un accord est conclu dans le cadre d'une transaction avec l'auteur de l'infraction. Cette possibilité de transaction en matière pénale permet de mettre fin aux poursuites dans le cadre d'une procédure qui demeure non publique.

Depuis une dizaine d'années, les autorités américaines appliquent le *FCPA* de manière beaucoup plus vigoureuse, avec une propension toujours plus grande à mettre en cause des entreprises étrangères. Plusieurs affaires médiatiques, dont l'affaire Siemens en 2008, témoignent de la montée en puissance récente du *FCPA* comme instrument de répression de la corruption internationale. Le cas Siemens est emblématique de la sévérité accrue des autorités américaines et de la portée extraterritoriale qu'elles donnent au *FCPA*. Cette affaire commence en novembre 2006 quand des perquisitions sont effectuées par le Parquet de Munich dans les bureaux et domiciles de salariés du groupe Siemens dans le cadre d'une enquête pour détournements de fonds. Ces perquisitions mettent en lumière un vaste système de caisses noires destinées à rémunérer des agents publics pour faciliter l'obtention de contrats dans divers pays étrangers (Argentine, Israël, Bangladesh, Irak, Venezuela, Viêt Nam, Chine, Russie)[1]. Siemens a officiellement reconnu le détournement de 420 millions d'euros, mais, selon la presse, le montant des pots-de-vin dépasserait le milliard d'euros. À la suite de ces révélations, le

1. Securities and Exchange Commission, *SEC Charges Siemens AG for Engaging in Worldwide Bribery*, 15 décembre 2008 ; United States Department of Justice, *Siemens AG and Three Subsidiaries Plead Guilty to Foreign Corrupt Practices Act Violations and Agree to Pay $450 Million in Combined Criminal Fines*, 15 décembre 2008.

DOJ et la SEC demandent des comptes à Siemens et ouvrent une enquête informelle contre le groupe allemand. L'administration américaine obtient notamment de Siemens qu'il mène une enquête interne de grande ampleur, confiée à des cabinets d'avocats et auditeurs externes, afin de faire toute la lumière sur ces allégations de corruption. Cette enquête interne, menée dans trente-quatre pays, a permis aux autorités américaines d'accéder à des informations très précises sur l'étendue et la nature des pratiques incriminées. Pour mettre un terme aux poursuites initiées aux États-Unis, le groupe allemand a dû accepter de verser 800 millions de dollars aux autorités américaines, dont 450 millions de dollars versés au DOJ au titre de l'amende pénale et 350 millions de dollars versés à la SEC à titre de restitution des bénéfices réalisés en violation du *FCPA*. Siemens a parallèlement acquitté deux amendes (l'une de 395 millions d'euros en 2008 et l'autre de 201 millions d'euros en 2007) à la justice allemande pour ces mêmes faits de corruption.

Les autorités américaines ont pu engager des poursuites contre le groupe Siemens en s'appuyant sur le champ d'application très extensif de leur législation anticorruption. Dans cette affaire, les faits allégués de corruption avaient eu lieu en dehors des États-Unis et aucun des protagonistes n'était américain. Mais Siemens Aktiengesellschaft (Siemens AG), la société mère du groupe, avait fait enregistrer des certificats représentatifs de ses actions (*American Depository Receipts*) auprès de la SEC aux États-Unis. Ce seul fait rendait la législation anticorruption américaine applicable à cette société. L'application du *FCPA* aux trois filiales de Siemens mises en cause – Siemens S.A. Argentina, Siemens Bangladesh Limited et Siemens S.A. Venezuela – était plus problématique dans la mesure où aucune de ces sociétés n'était cotée à New York. Les autorités américaines ont considéré que l'utilisation de comptes bancaires aux États-Unis pour certains des versements incriminés était suffisante pour poursuivre l'ensemble des faits de corruption qui leur étaient reprochés.

Plusieurs groupes français ont également fait l'objet de poursuites et de sanctions de la part du gouvernement américain pour de prétendues violations du *FCPA*. C'est notamment le cas de Technip qui a conclu le 24 juin 2010 un *Deferred Prosecution Agreement*[1] (*DPA*) avec les autorités américaines. Dans le cadre de cet accord, Technip s'est engagé à verser 338 millions de dollars en échange de l'arrêt des poursuites. C'est également le cas du groupe Total[2] qui a annoncé, le 29 mai 2013, être parvenu à un accord avec le DOJ et la SEC pour mettre un terme à des enquêtes initiées en 2003 portant sur des contrats pétroliers conclus en Iran dans les années 1990. En échange de l'abandon des poursuites, Total a accepté de payer 398,2 millions de dollars au gouvernement américain.

Le groupe français Alcatel-Lucent a également conclu le 20 décembre 2010 un *Deferred Prosecution Agreement* (*DPA*) avec les autorités américaines, mettant un terme aux poursuites du DOJ et de la SEC en échange du paiement d'une amende de 137 millions de dollars. Les autorités américaines

1. Sur cette question, voir Astrid Mignon Colombet, François Buthiau, « Le *deferred prosecution agreement* américain, une forme inédite de justice négociée. Punir, Surveiller, Prévenir ? », *La Semaine juridique*, n° 13, 25 mars 2013, p. 621.

2. United States Department of Justice, *French Oil and Gas Company, Total, S.A., Charged in the United States and France in Connection with an International Bribery Scheme*, communiqué de presse, 29 mai 2013.

reprochaient à la société Alcatel-Lucent et à certaines de ses filiales d'avoir enfreint les dispositions du *FCPA* et du *Securities Exchange Act* de 1934 en ayant distribué des pots-de-vin à des fonctionnaires publics de gouvernements étrangers pour remporter des marchés en Amérique latine et en Asie. Selon l'accord conclu avec la SEC, Alcatel-Lucent ne reconnaît ni ne nie les accusations formulées à son encontre ("Without admitting or denying the SEC's allegations[1]"). L'entreprise s'est engagée de façon permanente à s'abstenir de toute violation des dispositions du *FCPA* et à verser la somme de 45,372 millions de dollars à titre de restitution des profits indûment réalisés ("disgorgement of wrongfully obtained profits"). Selon les termes du *DPA* conclu avec le DOJ[2], les poursuites pour violations des dispositions du *FCPA* initiées contre le groupe ont été suspendues pour trois ans. Dans la mesure où Alcatel-Lucent respecterait l'ensemble de ses obligations au titre du *DPA*, le ministère de la Justice américain abandonnerait ses poursuites à l'issue de cette période de trois ans.

En août 2011, en application de ces accords avec les autorités américaines, Alcatel-Lucent s'est vu assigner, pour une durée de trois ans, un contrôleur indépendant ("independent monitor") de nationalité française. Le *Ressource Guide to the U.S. Foreign Corrupt Practices Act* publié par le DOJ et la

1. Securities and Exchange Commission, *SEC Charges Alcatel-Lucent with FCPA Violations, Company to Pay More Than $137 Million to Settle SEC and DOJ Charges*, communiqué de presse, 27 décembre 2010.

2. United States Department of Justice, *Alcatel-Lucent S.A. and Three Subsidiaries Agree to Pay $92 Million to Resolve* Foreign Corrupt Practices Act *Investigation, Coordinated Enforcement Actions by Department of Justice and SEC Result in Penalties of more than $137 Million*, communiqué de presse, 27 décembre 2010.

SEC le 14 novembre 2012 définit le contrôleur indépendant comme « un tiers indépendant qui évalue et contrôle le respect par une entreprise de ses obligations en matière de *compliance* au terme d'un accord destiné à réduire le risque de réitération d'une infraction par celle-ci[1] ». Sa mission est d'évaluer et de surveiller tout au long du *DPA* la stricte application des termes des accords avec les autorités américaines. Le contrôleur indépendant doit également s'assurer de l'efficacité du programme de *compliance* mise en place par l'entreprise concernée. Il est tenu de révéler aux autorités américaines toute infraction qu'il viendrait à découvrir dans le cadre de son mandat et il est amené, au terme de sa mission, à certifier aux autorités américaines que l'entreprise s'est bien dotée d'un programme de *compliance* susceptible d'éviter durablement la réitération des pratiques incriminées.

Pour les autorités américaines, la nomination d'un contrôleur indépendant permet de prévenir le risque de réitération de l'infraction. Le recours à un contrôleur indépendant est très fréquent lorsque les entreprises mises en cause sont étrangères, l'éloignement géographique renforçant la volonté de contrôle. Il n'est pas douteux que la nomination de contrôleurs indépendants puisse avoir des vertus pédagogiques et permettre aux entreprises concernées d'améliorer l'efficacité de leurs systèmes de *compliance*. Il n'en demeure pas moins qu'avec cette pratique, « un degré est encore franchi dans

1. "A monitor is an independent third party who assesses and monitors a company's adherence to the compliance requirements of an agreement that was designed to reduce the risk of recurrence of the company's misconduct" (Criminal Division of the U.S. Department of Justice et Enforcement Division of the U.S. Securities and Exchange Commission, *Ressource Guide to the U.S.* Foreign Corrupt Practices Act, 14 novembre 2012, p. 71).

l'intrusion de l'autorité de poursuite dans la société[1] ». Les entreprises sont en effet tenues de communiquer au contrôleur indépendant toute l'information qu'il juge utile à la réalisation de sa mission. Or les entreprises ont peu de moyens de s'assurer que les informations sensibles – éventuellement stratégiques – qu'elles peuvent confier à ce titre ne seront pas appréhendées et utilisées par l'administration américaine à des fins différentes que la simple vérification de l'application d'un accord.

Le fait le plus marquant est cependant la propension très nette des autorités américaines à poursuivre et sanctionner principalement des entreprises non américaines sur le fondement du *FCPA*. Le constat est fait en termes particulièrement nets par le *New York Times*, qui évoque « le manque de noms américains[2] » à propos des principaux accords transactionnels conclus avec le gouvernement américain sur ce fondement. Il faut dire que sur les dix plus importants accords transactionnels conclus depuis l'adoption du *FCPA* en 1977, neuf l'ont été avec des entreprises non américaines, dont trois entreprises françaises. Une seule entreprise américaine figure dans la liste des plus importantes sanctions prononcées sur le fondement de la législation anticorruption américaine.

1. Astrid Mignon Colombet, François Buthiau, « Le *deferred prosecution agreement* américain, une forme inédite de justice négociée. Punir, Surveiller, Prévenir ? », *op. cit.*, p. 627.

2. "A law intended to prohibit the payment of bribes to foreign officials by United States businesses has produced more than $3 billion in settlements. But a list of the top companies making these settlements is notable in one respect : its lack of American names" (Leslie Wayne, "Foreign Firms Most Affected by a U.S. Law Barring Bribes", *New York Times*, 4 septembre 2012).

Liste des dix plus importants accords transactionnels conclus avec les autorités américaines (DOJ et SEC) sur le fondement du *FCPA* depuis son adoption en 1977 (en dollars américains) :

1. Siemens[1] (Allemagne) : 800 millions en 2008.
2. KBR/Halliburton[2] (États-Unis) : 579 millions en 2009.
3. BAE (Grande-Bretagne)[3] : 400 millions en 2010.
4. Total (France)[4] : 398 millions en 2013.
5. Snamprogetti/ENI (Pays-Bas/Italie)[5] : 365 millions en 2010.
6. Technip SA (France)[6] : 338 millions en 2010.

1. United States Department of Justice, *Siemens AG and Three Subsidiaries Plead Guilty to* Foreign Corrupt Practices Act *Violations and Agree to Pay $450 Million in Combined Criminal Fines, Coordinated Enforcement Actions by DOJ, SEC and German Authorities Result in Penalties of $1.6 Billion*, communiqué de presse, 15 décembre 2008.

2. United States Department of Justice, *Kellogg Brown & Root LLC Pleads Guilty to Foreign Bribery Charges and Agrees to Pay $402 Million Criminal Fine, Enforcement Actions by DOJ and SEC Result in Penalties of $579 Million for KBR's Participation in a Scheme to Bribe Nigerian Government Officials to Obtain Contracts*, communiqué de presse, 11 février 2009.

3. United States Department of Justice, *BAE Systems PLC Pleads Guilty and Ordered to Pay $400 Million Criminal Fine*, communiqué de presse, 1er mars 2010.

4. United States Department of Justice, *French Oil and Gas Company, Total, S.A., Charged in the United States and France in Connection with an International Bribery Scheme*, communiqué de presse, 29 mai 2013.

5. Securities and Exchange Commission, *SEC Charges Italian Company and Dutch Subsidiary in Scheme Bribing Nigerian Officials With Carloads of Cash, ENI and Snamprogetti to Pay $365 Million to Settle FCPA Violations*, communiqué de presse, 7 juillet 2010.

6. Securities and Exchange Commission, *Technip to Pay $338 Million to Settle SEC and DOJ Charges ; Brings Total Sanctions Against Joint Venture Partners to $917 Million*, communiqué de presse, 28 juin 2010.

7. JGC Corporation (Japon)[1] : 218,8 millions en 2011.
8. Daimler AG (Allemagne)[2] : 185 millions en 2010.
9. Alcatel-Lucent (France)[3] : 137 millions en 2010.
10. Magyar Telekom/Deutsche Telekom (Hongrie/Allemagne)[4] : 95 millions en 2011.

Comment expliquer une telle multiplication de sanctions contre des entreprises non américaines sur la base d'un texte de droit américain ? Plusieurs explications sont généralement avancées. Beaucoup avancent l'insuffisante culture de *compliance* des groupes européens et leur sensibilité récente aux exigences de la lutte anticorruption. À cela s'ajouterait la relative passivité des autorités de leur pays d'origine dans la mise en œuvre des dispositions légales en la matière. D'autres évoquent la dimension politique de la législation anticorruption américaine, selon laquelle la corruption constituerait

1. United States Department of Justice, *JGC Corporation Resolves* Foreign Corrupt Practices Act *Investigation and Agrees to Pay a $218.8 Million Criminal Penalty*, communiqué de presse, 6 avril 2011.

2. United States Department of Justice, *Daimler AG and Three Subsidiaries Resolve* Foreign Corrupt Practices Act *Investigation and Agree to Pay $93.6 Million in Criminal Penalties, Combined Criminal and Civil Penalties of $185 Million to be Paid*, communiqué de presse, 1er avril 2010.

3. United States Department of Justice, *Alcatel-Lucent S.A. and Three Subsidiaries Agree to Pay $92 Million to Resolve* Foreign Corrupt Practices Act *Investigation, Coordinated Enforcement Actions by Department of Justice and SEC Result in Penalties of more than $137 Million*, communiqué de presse, 27 décembre 2010.

4. United States Department of Justice, *Magyar Telekom and Deutsche Telekom Resolve* Foreign Corrupt Practices Act *Investigation and Agree to Pay Nearly $64 Million in Combined Criminal Penalties, Parallel Enforcement Actions by Department of Justice and SEC Result in Penalties of More Than $95 Million*, communiqué de presse, 29 décembre 2011.

« un obstacle à l'appropriation par les entreprises américaines des marchés de reconstruction des pays où les États-Unis ont des intérêts importants en politique étrangère[1] ». On peut ainsi penser avec un auteur qu'à long terme

> l'objectif des États-Unis était bien de mettre en œuvre le *FCPA* d'une façon poussée afin de réduire de façon importante le nombre de contrats gagnés par les entreprises concurrentes (non américaines) par le biais de la corruption d'agents publics étrangers[2].

LE PROGRAMME AMÉRICAIN DE SANCTIONS ÉCONOMIQUES

À des fins de politique étrangère et de sécurité nationale, et notamment dans le cadre de la lutte contre le terrorisme, les États-Unis ont adopté un ensemble de sanctions économiques à l'encontre d'États et de personnes – physiques ou morales – nommément désignées. Certaines de ces sanctions sont très anciennes. L'embargo contre Cuba a, par exemple, été autorisé par le *Foreign Assistance Act* de 1961. Les sanctions économiques ont par la suite été codifiées en 1996 par le *Cuban Liberty and Democratic Solidarity (Libertad) Act*, plus connu sous le nom de loi Helms-Burton. La même année, l'*Iran and Libya Sanctions Act*, plus connu sous le

1. Antoine Genevois, *L'Efficacité internationale des droits anti-corruption*, thèse pour le doctorat en droit, Université de Paris I - Panthéon Sorbonne, 2004, p. 68.

2. Philip Fitzgerald, *Les dispositifs juridiques internationaux de lutte contre la corruption des agents publics étrangers*, thèse pour le doctorat en droit, Université du Sud Toulon-Var, 2011, p. 30.

nom de loi d'Amato-Kennedy, a été adopté par le Congrès américain afin de sanctionner l'Iran et la Libye en raison de leur soutien au terrorisme international. L'objectif poursuivi par les États-Unis est ouvertement politique. Il s'agit d'isoler Cuba pour renverser le régime en place et de priver l'Iran et, à l'époque, la Libye, de l'argent nécessaire pour financer le terrorisme international et le développement de leur arsenal militaire. Depuis le 11 septembre 2001 et l'intensification de la lutte contre le terrorisme, le programme de sanctions économiques des États-Unis a pris une nouvelle ampleur.

Aujourd'hui, les États visés par les sanctions économiques américaines sont principalement l'Iran, la Syrie, la Libye, Cuba, le Soudan, la Birmanie et la Corée du Nord. Un régime particulier s'applique à chacun d'entre eux. Les sanctions imposées vont de l'interdiction ou la limitation des transactions financières ou commerciales avec certains États (embargos) ou certains individus nommément désignés (sanctions individuelles) au gel des avoirs de ressortissants étrangers aux États-Unis. Le programme de sanctions américaines est administré par l'Office of Foreign Assets Control (OFAC), qui est une agence du département du Trésor américain. Ses pouvoirs sont fondés sur le *Trading with the Enemy Act* de 1917 et diverses lois fédérales et *executive orders* du président américain en matière d'embargos et de sanctions économiques. La violation du programme américain de sanctions économiques peut entraîner de très lourdes sanctions administratives (suspension ou révocation de licences délivrées par l'OFAC) et/ou civiles (amendes d'un montant équivalent à la valeur des biens illégalement importés ou exportés et/ou confiscation desdits biens) et/ou pénales [1].

1. *U.S. Code of Federal Regulations*, titre 31, parties 501 et suivantes.

Les personnes visées par des sanctions individuelles – individus ou entreprises – sont énumérées dans une liste nommée “Specially Designated Nationals and Blocked Persons List”. Les personnes qui figurent sur cette liste sont accusées par le gouvernement américain d'être membres de réseaux terroristes, trafiquants de drogue ou impliquées dans la prolifération d'armes de destruction massive. Cette liste est régulièrement mise à jour et enrichie de nouveaux noms. Au 31 mai 2013, elle comportait plusieurs dizaines de milliers de noms énumérés sur 560 pages.

Les sanctions économiques américaines sont censées s'appliquer principalement aux *U.S. persons* qui commercent ou investissent dans des pays soumis à embargo. L'expression *U.S. persons* désigne tout citoyen ou résident permanent des États-Unis, toute entité organisée selon les lois des États-Unis ainsi que ses succursales étrangères et, dans la plupart des cas, ses filiales étrangères. En réalité, certaines de ces dispositions ont une portée extraterritoriale très marquée et aboutissent en pratique à interdire toute relation économique ou financière avec certains pays, dès lors qu'un lien de rattachement – même étroit – peut exister avec les États-Unis. Ainsi, la simple utilisation du dollar comme moyen de paiement dans le cadre d'une transaction réalisée par deux entités non américaines en dehors des États-Unis suffit à donner compétence au DOJ et à l'OFAC pour sanctionner les parties à cette opération. La France et l'Union européenne se sont élevées à plusieurs reprises contre la nature et l'étendue de ces sanctions économiques[1].

1. En réponse à la question d'un parlementaire, le ministère des Affaires étrangères indiquait ainsi en novembre 2012 au sujet de Cuba que « l'embargo peut affecter les entreprises françaises ou les associations de solidarité inter-

Une justice négociée

Au cours des dernières années, de très nombreuses institutions financières non américaines ont été sanctionnées du fait de transactions financières effectuées par certains de leurs clients avec des États ou des individus faisant l'objet de sanctions économiques de la part des États-Unis. Comme en matière de lutte anticorruption, les violations alléguées donnent presque toujours lieu à la conclusion d'accords transactionnels entre l'administration américaine et les entreprises poursuivies.

Principaux accords transactionnels conclus avec les autorités américaines dans le cadre du programme de sanctions économiques des États-Unis (en dollars américains) :

1. HSBC[1] (Royaume-Uni) : 1 921 millions en 2012.

nationale. En outre, la plupart des compagnies internationales, françaises ou européennes, opérant à Cuba sont présentes sur le marché nord-américain et s'exposent à des poursuites de la part du bureau du Trésor chargé de la surveillance du respect de l'embargo, l'OFAC. C'est dans le but d'éviter que ne se perpétue cet état de choses que la France s'oppose, dans le cadre européen, à la continuation de l'embargo. La France a constamment voté en faveur de la résolution présentée par le gouvernement de la République de Cuba condamnant l'embargo exercé à son encontre par les États-Unis d'Amérique à l'Assemblée générale des Nations unies. Une telle résolution est présentée chaque année depuis 1991 » (« Réponse du ministère des Affaires étrangères à la question écrite n° 01832 de M. Bernard Piras », *Journal Officiel du Sénat*, 1er novembre 2012, p. 2463).

1. HSBC a acquitté une amende de 1 256 millions de dollars au DOJ et à l'OFAC (United States Department of Justice, *HSBC Holdings Plc. and HSBC Bank USA N.A. Admit to Anti-Money Laundering and Sanctions Violations, Forfeit $1.256 Billion in* Deferred Prosecution Agreement, communiqué de presse, 11 décembre 2012), une amende de 500 millions de dollars à l'Office of the Comptroller of the Currency (Office of the Comptroller of the Currency, *OCC Assesses $500 Million Civil Money Penalty Against HSBC Bank USA, N.A.*, communiqué de presse, 11 décembre 2012) et une amende de 165 mil-

2. Standard Chartered[1] (Royaume-Uni) : 667 millions en 2012.

3. ING[2] (Pays-Bas) : 619 millions en 2012.

4. Crédit suisse[3] (Suisse) : 536 millions en 2009.

5. ABN Amro[4] (Pays-Bas) : 500 millions en 2010.

6. Lloyds[5] (Royaume-Uni) : 350 millions en 2009.

7. Barclays[6] (Royaume-Uni) : 298 millions en 2010.

lions de dollars à la Fed (Board of Governors of the Federal Reserve System, communiqué de presse, 11 décembre 2012).

1. Standard Chartered a acquitté une amende de 340 millions de dollars à l'État de New York (*Statement from Benjamin M. Lawsky, Superintendent of Financial Services, Regarding Standard Chartered Bank*, communiqué de presse, 14 août 2012) et une amende cumulée de 327 millions de dollars à la Fed, à l'OFAC et au DOJ (United States Department of the Treasury, *Treasury Department Reaches $132 Million Settlement with Standard Chartered Bank, Treasury Settlement Part of Combined $327 Million Settlement for Bank's Apparent Violations of Sanctions Programs*, communiqué de presse, 10 décembre 2012).

2. United States Department of Justice, *ING Bank N.V. Agrees to Forfeit $619 Million for Illegal Transactions with Cuban and Iranian Entities*, communiqué de presse, 12 juin 2012.

3. United States Department of Justice, *Credit Suisse Agrees to Forfeit $536 Million in Connection with Violations of the* International Emergency Economic Powers Act *and New York State Law*, communiqué de presse, 16 décembre 2009.

4. United States Department of Justice, *Former ABN Amro Bank N.V. Agrees to Forfeit $500 Million in Connection with Conspiracy to Defraud the United States and with Violation of the* Bank Secrecy Act, communiqué de presse, 10 mai 2010.

5. United States Department of Justice, *Lloyds TSB Bank Plc Agrees to Forfeit $350 Million in Connection with Violations of the* International Emergency Economic Powers Act, communiqué de presse, 9 janvier 2009.

6. United States Department of Justice, *Barclays Bank PLC Agrees to Forfeit $298 Million in Connection with Violations of the* International Emergency Economic Powers Act *and the Trading with the* Enemy Act, communiqué de presse, 18 août 2010.

8. Bank of Tokyo-Mitsubishi UFJ[1] (Japon) : 258 millions de dollars en 2012-2013.

Plusieurs de ces accords transactionnels ont défrayé la chronique au cours des dernières années. En cause, les montants vertigineux versés aux autorités américaines mais également la propension de celles-ci à sanctionner principalement des banques non américaines en raison de violation de lois américaines extraterritoriales. Comme le souligne Hubert de Vauplane :

> Ce qui choque le plus dans le mode de fonctionnement de l'OFAC, c'est un certain tropisme à sanctionner principalement les banques étrangères, y compris quand le seul lien juridique avec les États-Unis est l'utilisation du dollar comme monnaie de paiement dans des opérations de transfert entre deux clients (non américains) de banque pour des opérations qui n'ont pas de liens avec les États-Unis. Et même en l'absence d'intention délictueuse, la simple inadvertance ou étourderie peut être lourdement sanctionnée[2].

1. Pour mettre un terme aux poursuites, Bank of Tokyo-Mitsubishi UFJ a versé 8,57 millions de dollars à l'OFAC (Office of Foreign Assets Control, *Bank of Tokyo-Mitsubishi UFJ, Ltd. Settles Potential Civil Liability for Apparent Violations of Multiple Sanctions Programs*, 12 décembre 2012) et 250 millions de dollars à l'État de New York (*Governor Cuomo Announces Bank of Tokyo-Mitsubishi UFJ to Pay $250 Million ta State for Violations of New York Banking Law Involving Transactions with Iran and Other Regimes*, communiqué de presse, 20 juin 2013).

2. « Iran : Sanctions américaines contre les banques européennes, hypocrisie ou arnaque ? », *Les Échos*, 23 août 2012. L'OFAC n'est en effet pas tenu de démontrer l'existence d'une intention d'enfreindre le programme américain de sanctions économiques ni de prouver que la violation a été faite en connaissance de cause.

Le caractère éminemment politique de sanctions économiques américaines est également en cause. Ces sanctions sont le reflet d'intérêts politiques et de sécurité nationale par nature très changeants et propres aux États-Unis.

Le 30 mai 2013, les États-Unis ont ainsi annoncé un assouplissement des sanctions pesant contre l'Iran dans le domaine des télécommunications. Le département du Trésor autorise désormais l'exportation vers l'Iran de certains services, logiciels et équipements liés aux communications personnelles. Les premières sanctions américaines contre l'Iran datent de 1979 et ont été complétées par d'autres dispositions approuvées par le Conseil de sécurité de l'ONU dans le cadre de résolutions condamnant le programme nucléaire mené par la République islamique. Cet assouplissement des sanctions dans le secteur des technologies des télécommunications a été largement décrit comme un geste de soutien de la part de Washington aux opposants iraniens avant l'élection présidentielle de juin 2013. Pour les entreprises du monde entier, les évolutions fréquentes du programme de sanctions économiques des États-Unis sont une source d'insécurité juridique majeure. La liste des personnes faisant l'objet de mesures d'embargo est modifiée plusieurs fois par mois et les entreprises qui commercent au niveau international doivent donc mettre à jour en temps réel leur programme de *compliance* interne sous peine de sanctions pénales et civiles très lourdes en cas de violation des règles de sanction – éminemment mouvantes – adoptées par les États-Unis.

LA LÉGISLATION BOURSIÈRE AMÉRICAINE

Le droit boursier américain est également un pilier de ce nouveau mode de répression du marché global. Pendant longtemps, les tribunaux américains ont donné une portée extraterritoriale très marquée au droit boursier américain (*Securities Act* de 1933 et *Securities Exchange Act* de 1934). Ils s'appuyaient, pour ce faire, sur les concepts jurisprudentiels de *conduct* et d'*effect* selon lesquels les tribunaux américains sont compétents sur la base soit d'un comportement qui s'est produit sur le territoire américain, soit d'un comportement intervenu à l'étranger, mais produisant ses effets aux États-Unis. Cette application extraterritoriale du droit boursier américain a donné lieu à un phénomène de *forum shopping*. Des investisseurs non américains engageaient des actions en justice aux États-Unis contre des sociétés non américaines afin de profiter des avantages procéduraux du droit américain (*discovery*, *class action* avec *opt out*, honoraires de résultat, jury populaire). C'est ainsi que sont apparus les *foreign-cubed plaintiffs*, c'est-à-dire des actionnaires non américains portant plainte aux États-Unis contre des sociétés non américaines, dont ils avaient acquis les titres sur des marchés non américains. Il en est résulté de nombreuses *class actions* boursières contre des sociétés non américaines aux États-Unis (Vivendi, Alstom, Société Générale, Barclays, UBS, RBS, Crédit Suisse, etc.).

Dans sa décision de principe *Morrison v. National Australia Bank* du 24 juin 2010, la Cour suprême des États-Unis a donné un coup d'arrêt à cette pratique en décidant que les investisseurs qui ont acquis des actions de sociétés non américaines sur des marchés non américains ne peuvent pas agir en justice aux États-Unis pour obtenir réparation. C'était la première fois que la plus haute juridiction américaine se prononçait sur l'application extraterritoriale du droit boursier américain (Section 10(b) du *Securities Exchange Act* de 1934). Cette décision de la Cour suprême, rendue à l'occasion d'un contentieux opposant aux États-Unis des actionnaires australiens à une banque australienne, est intervenue au terme d'une mobilisation internationale sans précédent. Dix-huit mémoires d'*amicus curiae* ont été déposés devant la Cour, essentiellement pour défendre la thèse de l'absence de compétence des tribunaux américains en pareil cas. La France, le Royaume-Uni et l'Australie sont ainsi intervenus pour souligner les risques de conflits qui résulteraient d'une application extraterritoriale du droit boursier américain dans un tel contexte. Dans sa décision, la Cour suprême des États-Unis considère que seuls les investisseurs qui ont acquis des valeurs mobilières aux États-Unis ou des valeurs mobilières cotées sur des marchés américains peuvent se prévaloir du droit boursier américain et agir en justice aux États-Unis. La Cour suprême juge ainsi, contrairement à la jurisprudence qui prévalait alors, que le critère à prendre en compte n'est pas celui de la localisation des activités frauduleuses alléguées mais celui du lieu de cotation et d'acquisition des titres de l'émetteur poursuivi. Il en résulte que les actionnaires non américains qui ont acquis les titres de sociétés non américaines sur des marchés non américains ne sont pas fondés à intenter ou à se joindre à des *class actions* aux États-Unis.

La Cour suprême ferme ainsi la porte aux *foreign-cubed plaintiffs*. Les actionnaires américains qui ont acquis des titres de sociétés non américaines en dehors des États-Unis se voient également privés du droit d'agir en justice aux États-Unis. Par cette décision, la Cour suprême propose aux cours inférieures un nouveau test, une sorte de *bright line standard* visant à éviter que les États-Unis ne deviennent le "Shangri-La of class action litigation" selon l'expression du juge Antonin Scalia qui a rédigé l'opinion majoritaire[1]. Comme l'observe un auteur, la Cour suprême a fait preuve à cette occasion d'une

> maturité étonnante très éloignée du système de pensée impérialiste dans lequel se meuvent les autorités fédérales américaines (SEC, OFAC, IRS,...) qui considèrent l'application universelle du droit américain au reste du monde comme un minimum vital, Rome ayant toujours été entourée de Barbares[2].

Refusant cette limitation, le gouvernement américain a cependant contre-attaqué, dès le lendemain de cette décision, en introduisant un amendement au projet de loi *Dodd-Frank Wall Street Reform and Consumer Protection Act* (promulgué le 21 juillet 2010). Cet amendement confère à la SEC le pouvoir de réprimer toute « conduite aux États-Unis qui concourt de manière significative à la commission de l'infraction même lorsque la transaction financière a été conclue en dehors des États-Unis et n'implique que des investisseurs étrangers », ainsi que « toute conduite en dehors du territoire américain susceptible d'avoir un effet significatif aux États-Unis »[3]. Ainsi, si les investisseurs ayant acquis des

1. *Morrison v. National Australia Bank*, 130 S. Ct. 2869 (2010).

2. Matthieu Dubertret, « *Affaire Morrison v. National Australia Bank Ltd*: l'espoir d'un nouvel âge ? », *Revue de droit bancaire et financier*, n° 4, juillet 2010, étude 17.

3. "Conduct within the United States that constitutes significant steps in furtherance of the violation, even if the securities transaction occurs outside the United States and involves only foreign investors" – "conduct occurring outside the United States that has a foreseeable substantial effect within the

actions en dehors des États-Unis n'ont plus accès aux prétoires américains, la capacité de la SEC à sanctionner – sur le fondement du droit boursier américain – des comportements intervenus en dehors des États-Unis est préservée, dès lors que ces comportements ont eu un effet significatif sur le territoire américain.

LES INVESTIGATIONS EXTRAJUDICIAIRES DES AUTORITÉS AMÉRICAINES

Avec une vigueur accrue depuis une dizaine d'années, le gouvernement américain poursuit et sanctionne les entreprises qu'il suspecte de violer son programme de sanctions économiques, son droit boursier et ses lois anticorruption. Le DOJ est au cœur de cette action répressive. Selon la nature des affaires, des autorités administratives spécialisées sont également impliquées. Il s'agit notamment de l'Office of Foreign Assets Control (OFAC), du Federal Reserve System (Fed) ou de la SEC. Lorsqu'elles soupçonnent des manquements à la législation américaine, ces autorités ouvrent des enquêtes sur la base des informations qu'elles ont pu recueillir. Ces informations, parfois embryonnaires, peuvent émaner de sources très diverses. Il peut s'agir de renseignements obtenus dans le cadre d'investigations diligentées contre d'autres entreprises ou d'informations obtenues auprès de clients, d'employés, de chambres de compensation, de dénonciations anonymes. Ces informations émanent même parfois d'articles de presse.

United States", *Dodd-Frank Wall Street Reform and Consumer Protection Act*, 21 juillet 2010, Section 929P(b).

Une justice négociée

Dans la grande majorité des cas, le gouvernement américain n'engage pas de poursuites formelles contre les entreprises qu'il suspecte d'avoir violé la législation américaine. Agitant la menace de procédures judiciaires lourdes et contraignantes, les autorités américaines proposent aux entreprises concernées de « coopérer » sur une base volontaire à l'enquête menée à leur encontre. Cette coopération est censée profiter à tous.

Pour le gouvernement américain, l'enjeu est d'abord de mettre la main sur les informations pertinentes. Il s'agit de faire la lumière, d'établir les faits, de connaître l'étendue du délit. Or ce qui constituait, il y a encore quelques années, un processus relativement classique de recherche de preuves, se révèle à présent une tâche insurmontable. La complexité des affaires, la globalisation de l'économie, la dématérialisation des données et l'hypersophistication du système financier international rendent éminemment complexe le processus de recherche de preuves.

Dans les affaires importantes, des moyens considérables sont désormais nécessaires pour collecter, analyser et synthétiser les milliers d'informations pertinentes. Il y a donc un problème de preuve et de coûts pour arriver à la preuve. Comme l'observe un avocat à propos du scandale du Libor :

> Instruire une affaire exige énormément de ressources de la part du gouvernement. Pour trouver les petites phrases qui permettront de construire un cas, il faut décortiquer de 50 000 à 100 000 courriers électroniques, sans parler des milliers de notes internes [1].

1. Pierre de Ravel d'Esclapon, « Les amendes devraient être proportionnelles aux dommages », *Les Échos*, 4 janvier 2013, p. 20.

Aussi puissantes soient-elles, les autorités américaines ne disposent pas de telles capacités. Elles ne possèdent pas les moyens humains nécessaires à la collecte, au tri et à l'analyse des millions de pages de documents ou d'e-mails. En outre, une partie très importante des informations qu'elles recherchent se situe à l'étranger, en dehors de leur juridiction. Dans les dossiers complexes, le gouvernement américain se trouve donc confronté à une situation nouvelle, celle de son incapacité à instruire ces affaires selon une procédure pénale classique.

Pour faire face à cette difficulté, les autorités américaines demandent aux entreprises poursuivies de procéder elles-mêmes, sous leur contrôle, au travail d'investigation traditionnellement dévolu aux autorités de poursuite. Les autorités obtiennent ainsi des entreprises mises en cause qu'elles réalisent elles-mêmes, sous leur supervision, des enquêtes internes visant à établir la réalité de leurs fautes. Pour les entreprises poursuivies, le caractère « volontaire » de cette coopération est naturellement très relatif. Leurs motivations pour accepter de coopérer contre elles-mêmes sont diverses. Elles tiennent à se montrer conciliantes avec le gouvernement américain dans l'espoir de voir réduites les sanctions éventuellement encourues du fait de leur « bonne conduite ». Cette clémence est expressément prévue par le droit américain. Comme l'explique Bruno Fontaine, il y a, en effet :

> une coopération « tarifée » entre le contrôlé et le régulateur, c'est-à-dire que la coopération est un mode opératoire qui permettra d'augmenter ou de diminuer les amendes qui peuvent être prononcées après la notification des griefs lors de la condamnation. On le constate avec les deux régulateurs que les banques françaises connaissent de plus en plus, à savoir la Secu-

> rities and Exchange Commission et l'Office of Foreign Assets Control, le fameux OFAC. Ces régulateurs utilisent une grille de tarification des amendes. Ce sont des règles de calcul dont la coopération est clairement identifiée comme étant l'un des éléments qui conduira à une diminution de l'amende si elle est reconnue. L'OFAC dit qu'une bonne coopération dans une de ses enquêtes entraîne une diminution de 20 % [1].

Il va sans dire que cette logique de clémence, dont on trouve des exemples en Europe en droit de la concurrence, favorise la *docilité* des entreprises mises en cause.

Coopérer avec les autorités américaines dans le cadre d'une procédure informelle permet également aux entreprises de faire l'économie d'une publicité négative résultant de l'annonce publique de l'ouverture d'une procédure judiciaire à leur encontre. Mais, surtout, les entreprises ne peuvent pas prendre le risque d'un procès aux États-Unis avec ses conséquences potentiellement dramatiques, comme la suspension du droit de contracter avec toute autorité publique, et ce dès l'engagement de poursuites formelles. Les entreprises mises en cause n'ont donc pas d'autre choix que de participer activement aux investigations menées à leur encontre sans pouvoir contester devant les tribunaux les griefs qui leur sont adressés. C'est particulièrement vrai dans le cas des enquêtes menées contre les établissements financiers non américains, qui sont menacés d'un retrait de leur licence bancaire aux États-Unis

1. Bruno Fontaine, « Les procédures de contrôle sur place des régulateurs financiers : état des lieux et perspective d'évolution », *Bulletin Joly Bourse*, septembre 2012, n° 9, p. 385. Cet article constitue la publication des actes du colloque organisé le 7 juin 2012 par le Master 2 « Droit pénal financier » de l'Université de Cergy-Pontoise.

s'ils refusent de coopérer. Cette menace a été brandie en août 2012 contre la banque britannique Standard Chartered, accusée d'avoir réalisé des transactions financières avec des contreparties iraniennes en violation de la loi américaine. Or il est tout simplement inconcevable pour une banque internationale de ne plus avoir accès au marché américain. En somme, comme l'écrit Hubert de Vauplane :

> À défaut d'arnaque, c'est bien un marché de dupes auquel sont confrontées les banques européennes ; l'enjeu est simple : soit elles signent une transaction avec l'OFAC et le département de la Justice américain en échange de l'abandon des poursuites, soit elles se lancent dans une longue procédure administrative et pénale devant un tribunal américain mais surtout elles prennent le risque de perdre leur licence bancaire aux États-Unis. Ce qu'aucune d'entre elles n'est prête à faire [1].

Un processus informel de coopération, parfois lourd, se met ainsi en place. Il est confidentiel et se déroule en dehors de tout cadre légal. Il prive les entreprises concernées des droits accordés aux personnes mises en cause devant la justice américaine. En l'absence de procédure formelle, il n'y a pas de droits de la défense. Dans les affaires importantes, ce processus dure plusieurs années. Il fait intervenir de nombreux acteurs et notamment les services d'audit interne et les services juridiques de l'entreprise mise en cause, des cabinets d'avocats internationaux et des prestataires de services informatiques. En pratique, il s'agit pour l'entreprise d'enquêter, de collecter, de

1. « Iran : Sanctions américaines contre les banques européennes, hypocrisie ou arnaque ? », *Les Échos*, 23 août 2012.

trier et d'analyser l'ensemble de l'information qu'elle détient sur les manquements allégués. Des centaines de milliers, voire des millions de documents sont généralement collectés, scannés et analysés dans le cadre de ces enquêtes internes.

La première étape consiste à « geler » (*freeze*) la scène du délit prétendu. L'entreprise et ses avocats doivent identifier toutes les personnes au sein de l'entreprise qui ont pu connaître des faits litigieux. Il est demandé à ces détenteurs potentiels d'information (*custodians*) de conserver tous les documents, notes, e-mails, agendas, messages vocaux, enregistrements sonores en leur possession se rapportant à l'affaire en cause. Des prestataires de services extérieurs à l'entreprise sont alors mandatés pour collecter, extraire, enregistrer et copier l'ensemble de ces données. Ce travail est généralement long, fastidieux et coûteux pour les entreprises. Il doit être réalisé avec la plus grande rigueur. Les entreprises doivent être en mesure de justifier auprès des autorités américaines du sérieux de l'enquête interne réalisée. Toute négligence, destruction ou omission volontaire de documents expose les entreprises en cause à des sanctions considérables, et les autorités américaines, comme les tribunaux américains, considèrent généralement que tout document détruit ou négligemment égaré doit être interprété comme contenant des informations défavorables aux entreprises concernées.

La réputation et la compétence des prestataires externes retenus par l'entreprise sont de ce fait fondamentales. Les prestataires de services informatiques ont pour mission d'identifier et de stocker tous les e-mails et documents pertinents des salariés des entreprises concernées afin de permettre leur tri et leur analyse, sur la base de mots clés. En pratique, les e-mails et documents de milliers de salariés sont consultés et analysés afin d'établir la responsabilité éventuelle de la banque dans chacune des opérations en cause.

Les salariés qui ont eu à connaître des faits en question doivent en outre participer activement à ce processus. Ils doivent notamment accepter que leurs ordinateurs portables soient fouillés par les prestataires mandatés par leur employeur pour identifier et copier toutes les informations concernant les faits reprochés à l'entreprise. En outre, des témoignages d'employés sont parfois recueillis et transmis aux autorités américaines. Ces témoignages sont généralement recueillis par les avocats de l'entreprise à l'occasion d'entretiens avec les employés concernés. Les employés sont donc amenés à dévoiler aux avocats de leur entreprise des informations, éventuellement incriminantes, qui seront *in fine* transmises aux autorités américaines.

Au-delà de leur rôle de conseil et de défense, les avocats de l'entreprise sont, quant à eux, chargés d'analyser les documents collectés, d'étudier les informations pertinentes au regard des violations alléguées et de rédiger des rapports sur la réalité des allégations portées contre l'entreprise. Ils rendent compte, à intervalles réguliers, aux autorités américaines de leurs découvertes, de la nature et de l'étendue des violations identifiées[1]. Sur la base des comptes rendus qui leur sont adressés périodiquement par les avocats de l'entre-

1. Dans l'affaire Siemens, par exemple, le DOJ souligne l'apport considérable du travail effectué par les auditeurs et avocats de Siemens à l'enquête des autorités américaines : "Debevoise and Deloitte, at the direction of Siemens, provided frequent and extensive reports to the Department and the SEC in face-to-face presentations and conference calls that assisted the Department's investigation enormously" (*United States of America v. Siemens Aktiengesellschaft*, Department's sententing memorandum, 12 décembre 2008, p. 3).

prise, les autorités américaines peuvent diriger, orienter ou recadrer l'enquête en fonction des éléments découverts, sans être directement sur le terrain. Des réunions avec le management des entreprises mises en cause, leurs avocats et les représentants des autorités américaines sont organisées aux États-Unis afin d'évaluer les avancées de l'enquête interne, la pertinence des éléments collectés et les prochaines étapes. Des négociations ont généralement lieu à cette occasion, en fonction des preuves ou indices réunis et de la gravité des faits mis à jour, lesquels établissent un rapport de forces plus ou moins favorable à l'entreprise concernée. Des éléments compromettants ou des manquements avérés donneront plus de poids aux autorités américaines pour imposer la poursuite voire l'intensification de l'enquête interne ou son extension à d'autres transactions ou branches de l'entreprise, avec la menace toujours présente de l'ouverture de poursuites formelles en cas de refus. À l'inverse, une enquête interne mettant en lumière des violations mineures ou l'absence de manquements, associée à une coopération exemplaire de l'entreprise, donnera plus de force à celle-ci pour plaider pour la réduction du périmètre de l'enquête interne, voire la fin de celle-ci.

Les ressources mobilisées dans le cadre de ces enquêtes internes sont parfois considérables. Dans l'affaire Siemens, le DOJ a révélé que les avocats et auditeurs externes de Siemens avaient consacré plus de 1,5 million d'heures facturables à cette enquête. Plus de 100 avocats et 130 auditeurs externes ont été mobilisés. Ils ont conduit plus de 1 750 auditions dans 34 pays et organisé plus de 800 réunions d'information. Plus de 100 millions de documents ont été collectés et conservés, dont une bonne partie a été analysée aux fins de recherche des preuves[1]. Des bureaux ont dû être ouverts en Chine et en Allemagne pour analyser et conserver ces documents. Siemens a évalué le coût de cette enquête interne et des aménagements internes en découlant à plus de 1 milliard de dollars[2], dont plus de 100 millions de dollars pour la conservation, la collecte et l'analyse des documents pertinents[3].

En dépit de l'ampleur de ces enquêtes qui aboutissent à mettre littéralement à nu des pans entiers de certains grands groupes européens au profit de l'administration américaine, très peu d'informations publiques sont disponibles sur ces transferts massifs de données. Certaines informations sur ces pratiques sont néanmoins publiquement accessibles dans le cadre des *Deferred Prosecution Agreements* homologués par les tribunaux américains. Le mémorandum rédigé par le gou-

1. "According to Siemens' latest estimates, over 1.5 million hours of billable time by Debevoise and Deloitte professionals have been devoted to the investigation. This includes the extensive and sustained participation of approximately 100 lawyers and 100 support staff from Debevoise and 130 forensic accountants and support staff from Deloitte. The investigative work has taken place in 34 countries and has involved over 1,750 interviews and over 800 informational meetings. Over 100 million documents have been collected and preserved, many of which have been searched or reviewed for evidence relevant to the investigation. Siemens, either directly or through Debevoise, has produced to the Department over 24,000 documents, amounting to over 100,000 pages" (*United States of America v. Siemens Aktiengesellschaft*, Department's sentencing memorandum, 12 décembre 2008, p. 3).

2. Bruce Zagaris, *International White Collar Crime : Cases and Materials*, New York, Cambridge University Press, 2010, p. 110.

3. "To date, Siemens has spent over $100 million on document collection, review, processing and storage, including those facilities in Germany and China" (*United States of America v. Siemens Aktiengesellschaft*, Department's sentencing memorandum, 12 décembre 2008, p. 21).

vernement américain dans le cadre du *Deferred Prosecution Agreement* conclu avec la société française Alcatel-Lucent le 20 décembre 2010 donne une idée de l'étendue de ces transferts d'information :

> Au total, le conseil externe d'Alcatel-Lucent a auditionné plus de 330 témoins dans le cadre de ces investigations, collecté des données auprès de 201 individus et analysé plus de 2 millions de documents dont 200 000 ont été transmis au gouvernement[1].

Le fait que ces échanges d'informations au profit des autorités américaines interviennent en dehors de tout cadre formel, et notamment en dehors des instruments internationaux de coopération judiciaire prévus à cet effet, pose en pratique de nombreuses difficultés aux entreprises concernées au regard de leur droit national. En France, par exemple, la communication directe d'informations à des autorités étrangères se heurte aux prescriptions de la loi n° 68-678 du 26 juillet 1968 modifiée, dite « loi de blocage », et de la loi n° 78-17 du 6 janvier 1978 relative à l'informatique, aux fichiers et aux libertés. Les entreprises qui transmettent des données personnelles ou des renseignements d'ordre économique, industriel, financier ou technique aux autorités américaines en dehors des traités d'assistance judiciaire mutuelle, comme le traité

1. "Overall, Alcatel-Lucent's outside counsel interviewed over 330 witnesses as part of these investigations, collected data from 201 individuals, and reviewed over 2 million documents, of which over 200,000 documents were produced to the government." (*United States of America vs. Alcatel Lucent S.A.*, Government's memorandum in support of the proposed plea agreements and deferred prosecution agreement, 23 mai 2011, p. 13.)

d'entraide judiciaire en matière pénale signé le 10 décembre 1998 entre la France et les États-Unis d'Amérique, s'exposent ainsi à des sanctions pénales en France.

Pour les établissements bancaires français, les règles protégeant le secret bancaire (article L. 511-33 du Code monétaire et financier) font également obstacle, sous peine de sanctions pénales, à la transmission directe de données bancaires à des autorités étrangères. En pratique, les entreprises françaises ne manquent pas d'alerter les autorités américaines sur l'existence de ces dispositions et sur la nécessité pour elles de transférer les informations demandées dans le respect de ces textes. Mais, prenant prétexte de la complexité réelle ou supposée de telles procédures, les autorités américaines refusent généralement de demander la communication des informations qu'elles recherchent dans le cadre des instruments internationaux de coopération judiciaire prévus à cet effet. Compte tenu du volume d'informations demandé par le gouvernement américain dans les affaires les plus importantes, il est vrai cependant que les autorités françaises refuseraient très certainement de donner une suite favorable à des demandes portant sur plusieurs centaines de milliers de documents. Les entreprises concernées se retrouvent dès lors confrontées à un autre dilemme : choisir entre la violation de dispositions pénales dans leur pays d'origine et un refus de coopérer avec le gouvernement américain qui les exposerait à des sanctions considérables aux États-Unis. Certains progrès ont pu être observés au cours des dernières années avec la multiplication des accords d'assistance mutuelle entre les autorités de régulation européennes et américaines[1], ce qui

1. Par exemple, l'accord d'assistance mutuelle signé le 14 décembre 1989

amène plus fréquemment le gouvernement américain à solliciter des informations de manière officielle en passant par ces accords de coopération.

La réalité demeure problématique : de nombreux groupes européens, dont certains sont des fleurons de l'industrie aéronautique ou du secteur de l'armement, se voient toujours contraints de transmettre un nombre très significatif d'informations de nature économique, financière ou industrielle aux autorités américaines en dehors de tout cadre légal et sous la menace de poursuites judiciaires. Inquiètes à juste titre de la multiplication des affaires de vols de secrets industriels[1], les autorités françaises et européennes n'ont pas encore pris la mesure des transferts massifs de données réalisés dans le cadre des investigations extrajudiciaires menées par des autorités étrangères et des risques qu'ils comportent pour le patrimoine des entreprises concernées.

entre la Commission des opérations de Bourse (COB, désormais Autorité des marchés financiers) et la SEC ; l'accord d'assistance mutuelle signé le 6 juin 1990 entre la COB et la Commodity Futures Trading Commission (CFTC) ; ou encore l'accord multilatéral de coopération et d'échange d'information entre régulateurs boursiers (Multilateral Memorandum of Understanding) conclu dans le cadre de l'Organisation internationale des commissions de valeurs le 24 mai 2002.

1. Bernard Carayon, « Rapport sur la proposition de loi visant à sanctionner la violation du secret des affaires », Assemblée nationale, 11 janvier 2012 ; Thomas Janier, « L'affaire Michelin », *in* Christian Harbulot (dir.), *Manuel d'intelligence économique*, Paris, Puf, 2012, p. 319.

CHAPITRE 3

La *self-defense* des entreprises

Astrid Mignon Colombet

Les entreprises qui font l'objet d'une enquête aux États-Unis pour délinquance économique expérimentent une forme inédite et rapide de justice négociée avec les autorités américaines (Department of Justice – DOJ –, Securities and Exchange Commission – SEC)[1]. En effet, en dehors de tout cadre légal spécifique autre que le bien nommé *Speedy Trial Act*[2] et en l'absence de contrôle réel du juge judiciaire, les procureurs signent ces transactions avec des entreprises qui acceptent de s'acquitter de sanctions financières importantes, de reconnaître des éléments de fait souvent complexes et de se soumettre à des mesures de prévention sans bénéficier des garanties normalement applicables dans le système français[3].

1. Les deux premières transactions – *Deferred Prosecution Agreement* (*DPA*, littéralement « accord de poursuite différée ») et *Non-Prosecution Agreement* (*NPA*, littéralement « accord de non-poursuite ») – ont été signées en 1992-1993.

2. Le *Speedy Trial Act* date de 1974 (18 U.S.C. § 3161 (h) 2). Il autorise les procureurs, avec l'accord du tribunal, à différer les poursuites pour permettre au défendeur de prouver sa bonne conduite.

3. Notre article avec François Buthiau paru dans *La Semaine juridique édition générale*, 25 mars 2013, n° 13 (JCP G 2013, doct. 359) ; United States Government Accountability Office (GAO), *Corporate crime. DOJ has taken*

En particulier, en contrepartie de l'abandon différé ou parfois immédiat des poursuites à l'encontre de l'entreprise, l'autorité impose à celle-ci, par le seul effet d'une codification temporaire de leurs rapports (de un à quatre ans)[1], une stricte observance de principes de bonne *compliance* (ou « mise en conformité »)[2].

En tête de ces normes de comportement figure la norme *self-*, sorte de directive non écrite en plein essor qui s'impose à l'entreprise comme un mode unique d'autorégulation. Ainsi, en application de ce système normatif, durant une période de temps assez brève, la même entreprise, tout à la fois, crée la situation potentiellement illicite, détecte celle-ci (enquête interne ou *self-policing*), dénonce les faits à l'autorité (auto-dénonciation ou *self-reporting*), coopère avec elle, reconnaît les faits reprochés, s'interdit de les contredire aux États-Unis ou ailleurs, produit ses propres outils d'éradication à la source de l'illicite (*self-compliance*), accepte une surveillance tout le temps de l'accord par un tiers (*monitor*), voire se surveille elle-même (*self-monitoring*). Tout écart au système, comme minimiser les faits objet de la transaction, pourra être sanctionné au mieux par des excuses publiques et au pire par la rupture de l'accord et l'engagement des poursuites devant les tribu-

steps to better track its use of Deferred and Non-Prosecution Agreements, *but should evaluate effectiveness*, rapport, décembre 2009.

1. Avec le DOJ et la SEC ; il s'agit essentiellement des *Non-Prosecution Agreement*, *Deferred Prosecution Agreement* et aussi d'accords civils avec la SEC.

2. US Department of Justice Publication, *Principles of Federal Prosecution of Business Organisations* (« principes de poursuites fédérales applicables aux entreprises ») ; en matière de corruption, DOJ-SEC, *A Resource Guide to the U.S.* Foreign Corrupt Practices Act *(FCPA)*, novembre 2012.

naux américains. De proche en proche, l'entreprise qui opte pour ce système en vient à porter quasiment seule le fardeau de la politique pénale des autorités américaines.

Ce nouveau mode de traitement de l'illicite impose ainsi de repenser complètement la notion de défense de l'entreprise habituellement indissociable d'une accusation formulée dans le cadre d'un litige sous l'arbitrage d'un juge judiciaire.

Du duel judiciaire à la self-defense

En effet, on enseigne que, dans sa forme élémentaire, le procès pénal n'est qu'un combat entre deux adversaires consistant pour l'un des deux à repousser la prétention de l'autre avec des armes définies, devant un juge « arbitre de combat[1] ». Ainsi, le duel judiciaire du Moyen Âge se déroulait devant le juge entre des parties qui refusaient d'avouer ou de recourir à des témoins qu'elles accusaient de mentir[2]. Dans cette conception primitive du procès, comme dans notre système judiciaire actuel, le litige opposait toujours deux adversaires soumis *in fine* à l'arbitrage d'un juge.

Or, dans le système normatif gouverné par le *self*, la nouvelle défense n'a plus qu'un lien très ténu avec la défense de droit commun, faute d'arbitre ou d'adversaire clairement identifiés. Sous certains aspects, elle tend plutôt à se rapprocher des techniques de combat éclair appelées *self-defense*

1. René Garraud, *Traité théorique et pratique d'instruction criminelle et de procédure pénale*, vol. 1, Paris, L. Larose et L. Tenin, 1907, n° 8.

2. Roger Merle, André Vitu, *Traité de droit criminel*, t. I, Paris, Cujas, 7e éd., 1997 (1967), n° 113.

(ou défense personnelle) enseignées aux personnes désireuses de savoir répondre par elles-mêmes à une agression dans leur vie quotidienne alors qu'elles sont désarmées, voire du *close combat*. Dans ce type de combat extrême, la défense est essentiellement conçue comme une stratégie de récupération de l'initiative (*forward drive*).

À rebours du duel, il s'agit moins de combattre avec dignité que de rester en vie à tout prix. On enseigne ainsi en *self-defense* que la seule attitude raisonnable face à un agresseur armé est de lui obéir car si l'agresseur montre son arme, c'est généralement afin de susciter la peur pour obtenir l'objet désiré tandis qu'une personne résolue à tuer n'a aucune raison de la montrer car ce qu'elle veut, c'est tuer [1].

La peur du procès pénal américain, vecteur d'obéissance

D'une manière voisine, l'entreprise confrontée à la perspective d'une négociation avec le DOJ est prise dans ce dilemme de l'agressé sans arme : obéir avant d'être maîtrisée ou bien mettre en danger son existence. Comme avec l'arme pointée, la peur créée par la perspective du procès pénal américain et son

1. Uri Kaffe, instructeur de *self-defense*, ancien sergent de l'unité de police des frontières israéliennes (*israeli border police unit*), dans un entretien avec Avi Bardia, *Budo International* n° 120, mai 2005 : « Comprenez bien que, si vous voyez l'arme, il est probable que l'agresseur n'ait pas l'intention de tirer sans plus, l'agresseur veut quelque chose. [...] Se défendre ou ne pas se défendre. S'il vous demande de l'argent, ne résistez jamais et restez en vie ! Vous ne devez vous battre que lorsque votre vie ou celle de vos proches est en danger. Les cimetières sont remplis de héros. »

arsenal de sanctions radicales[1] incite l'entreprise à obéir le plus vite possible et par là, à renoncer immédiatement à la possibilité de se défendre selon les voies classiques. Par la transaction, elle compte échapper à des sanctions bien plus importantes et espère diminuer le montant des pénalités par une coopération qui serait qualifiée d'« exemplaire » par l'autorité de poursuite.

La perspective du procès est rendue d'autant plus effrayante qu'elle est alimentée par le DOJ qui rappelle régulièrement qu'il n'y a pas meilleure dissuasion contre le crime économique que la prison, citant la longue liste des peines d'emprisonnement infligées aux personnes physiques des entreprises sanctionnées, par exemple 30 ans pour l'ancien président de Taylor Bean & Whitaker ou 110 ans pour l'ancien dirigeant de Stanford International Bank[2].

La speedy defense *est-elle encore une défense ?*

Dans ce nouveau système de justice, plus on coopère vite, plus on avoue vite, plus on se conforme vite et plus on a de chances d'éviter les poursuites judiciaires de droit commun, voire la conclusion d'une transaction différant les poursuites[3]. En apparence, cette stratégie qui consiste à renoncer

1. Peines d'amendes décuplées, suspension du droit de contracter avec les autorités publiques, effets sur le cours de l'action, risque corrélatif de *class actions*.

2. Lanny Breuer, représentant du DOJ, discours à New York, 13 septembre 2012.

3. Voir par exemple l'*Affaire Morgan Stanley* dans laquelle seul le cadre dirigeant a fait l'objet de poursuites, le DOJ ayant publiquement affirmé qu'il avait choisi de ne pas poursuivre la banque en raison de son programme de

immédiatement à se défendre et à coopérer avec l'autorité de poursuite peut choquer et en tout cas sembler très éloignée du système français. En effet, en France, la perspective du procès public ne suscite pas le même effroi et ouvre la possibilité théorique d'une défense effective[1]. Or, dans le système américain, le concept de défense classique paraît frappé d'obsolescence si l'entreprise se borne à obéir toujours plus en sécrétant de multiples *self-conduites* qui n'empêcheront pas toujours les poursuites.

Plus radicalement, c'est surtout le rapport au traitement de l'illicite qui se trouve profondément modifié par ce nouveau système. En effet, dans celui-ci, l'infraction reprochée à l'entreprise n'est conçue que comme un accroc de parcours dont elle doit se débarrasser vite, sans séquelles et sans s'enliser dans une procédure judiciaire dont elle sortira forcément perdante en raison des répercussions médiatiques associées, peu important l'issue finale.

Dans cette optique, comme en *self-defense*, le but de l'entreprise est de faire cesser l'attaque vite et à moindre frais pour reprendre l'offensive aussitôt après, cette fois non plus dans le cadre atemporel du procès mais déjà à l'extérieur, sur le terrain, c'est-à-dire dans le cadre du marché mondial avec les acteurs économiques. L'enjeu prioritaire pour l'entreprise est alors d'y regagner le plus rapidement possible sa place, une fois regagné le droit d'y participer. Or ce droit peut sembler

compliance jugé efficace (United States Department of Justice, communiqué 12-534, 25 avril 2012).

1. À titre de comparaison, la circulaire du 9 février 2012 relative à l'évaluation de la France par l'OCDE en 2012 ne recommande pas la procédure de comparution sur reconnaissance préalable de culpabilité (CRPC) dans les dossiers complexes, mais plutôt la saisine du tribunal correctionnel.

sérieusement menacé lorsque la sanction brandie par le DOJ en cas d'agissement présumé illicite est la remise en cause de la qualité de « contractant responsable » et du droit de contracter avec les autorités publiques[1]. Dans cette logique économique imparable, l'entreprise paraît *a priori* ne pas avoir d'autre choix que d'intégrer la nouvelle donne, à savoir s'autodénoncer, s'auto-enquêter, s'autocondamner, s'autopunir, s'autosurveiller, s'autoréparer.

À première vue, une stratégie de défense qui se fonde sur l'obéissance plutôt que sur la résistance peut surprendre. Mais face aux incertitudes et conséquences potentiellement dramatiques attachées à une éventuelle condamnation aux États-Unis, elle est perçue le plus souvent et pour l'instant comme la seule possible même si des aménagements existent. Une défense de l'entreprise est alors concevable mais elle n'a plus aucun rapport avec la défense exercée dans le procès de droit commun sous l'arbitrage d'un juge judiciaire. La question qui subsiste en revanche est de savoir comment concilier *self-defense* et défense de droit commun dans l'hypothèse de doubles poursuites dans un pays qui ne connaît pas ce système de *self*-régulation.

1. Voir par exemple le cas Siemens : "The agreement reflects the U.S. prosecutors' express recognition of Siemens' 'extraordinary cooperation' as well as Siemens new and comprehensive compliance program and extensive remediation efforts. Based on these facts, the lead agency for U.S. federal government contracts, the Defense Logistics Agency (DLA), issued a formal determination that Siemens remains a responsible contractor for U.S. government business".

LA STRATÉGIE D'OBÉISSANCE : L'ENTREPRISE EST LA NOUVELLE BOUCHE DE LA LOI

La stratégie d'obéissance de l'entreprise est dictée par la politique pénale mise en place par le DOJ qui a pour effet de limiter le recours au juge judiciaire. À la différence du système britannique tout récemment adopté, le dispositif américain fait largement l'économie du juge pour rappeler la loi et l'appliquer aux faits incriminés [1]. À cette fin, le DOJ privilégie l'utilisation d'outils ne nécessitant qu'une intervention minimale de celui-ci comme les *Deferred Prosecution Agreements*, qui sont le plus souvent formellement approuvés par le juge (dit *rubber-stamp judge*) sans contrôle de l'équilibre de l'accord ni des garanties de la défense [2], voire sans aucune intervention de celui-ci avec la conclusion de

1. *Crime and Courts Act* du 25 avril 2013 qui introduit le *DPA* dans l'arsenal législatif britannique (entrée en vigueur en février 2014) : à la différence du système américain, le juge judiciaire sera présent à toutes les phases de l'accord ainsi que lors de l'examen des termes proposés du *DPA* pour vérifier que les conditions sont « équitables, raisonnables et proportionnées » ; il existe un précédent d'intervention judiciaire dans des procédures civiles américaines initiées par la SEC (voisines des *NPA/DPA*) : « Le juge Rakoff et les banquiers tricheurs », lemonde.fr, 22 novembre 2011 ; *U.S. SEC v. Citigroup, Jed S. Rakoff, Opinion and Order, 11 Civ. 7387*, Filed 11/28/11.

2. Il n'existe à notre connaissance pas de précédent connu de rejet d'un *DPA* signé. Le GAO a entendu des juges dont 9 sur 12 indiquent qu'ils n'examinent pas en audience publique (*hearing*) le *DPA* et ses conditions pour vérifier que la décision de l'entreprise était volontaire et éclairée (United States Government Accountability Office, *Corporate crime*, décembre 2009, *op. cit.*, p. 23) ; FCPA Professor, *NPAs, DPAs, and the FCPA*, 9 février 2010, http://www.fcpa.professor.com/npas-dpas-and-the-fcpa.

Non-Prosecution Agreements (*NPA*) qui ne sont pas soumis à l'examen du juge[1].

Afin de contrebalancer l'effacement du juge, le DOJ (avec la SEC) publie des guides détaillés d'interprétation de la loi[2] et rend des consultations (*public opinions*) à la demande des entreprises qui l'interrogent sur les risques de poursuites[3]. C'est ainsi le DOJ qui donne son interprétation du sens de la loi afin de garantir sa clarté et sa prévisibilité. Au sein de ce système, les transactions constituent des « orientations » et même une forme de jurisprudence sur les contours de l'acte considéré comme illicite par le DOJ[4].

Cette pratique peut paraître singulière dès lors qu'une jurisprudence s'élabore habituellement à partir de faits établis à l'issue d'un débat contradictoire entre les parties sous l'arbitrage d'un juge judiciaire. À l'inverse, dans ce système de justice, la détermination du comportement répréhensible relève de l'office du procureur et de l'issue de la négociation avec l'entreprise.

1. À la différence des *guilty plea* (accords de plaider-coupable) qui impliquent un contrôle substantiel par le juge de l'équilibre de l'accord lors d'une audience.

2. Voir par ex. sur le *Foreign Corrupt Practices Act,* le guide sur le FCPA de 120 pages.

3. DOJ-SEC, *FCPA A resource guide to the U.S.* Foreign Corrupt Practices Act, novembre 2012, p. 86-87.

4. FCPA Professor, *NPAs, DPAs, and the FCPA*, 9 février 2010, *op. cit.* Le DOJ a indiqué que les "DPAs and NPAs benefit the public and industries by providing guidance on what constitutes improper conduct".

L'aveu, mode d'affirmation publique de la force de la loi

C'est l'entreprise qui devient peu à peu l'acteur central de l'application effective de la loi puisqu'elle accepte de reconnaître les faits reprochés, le plus souvent dans leur version façonnée par le DOJ (*Statement of Facts*). Or ces faits ne reflètent pas toujours la vérité matérielle du dossier car ils sont articulés avant tout dans le but de justifier la sévérité des sanctions et surtout de fonder une accusation solide devant le tribunal en cas de rupture de l'accord. S'ensuit une négociation avec le procureur pour tenter de parvenir à une présentation des faits qui ne soit pas trop éloignée de sa propre vérité du dossier. Le moment est important car, par l'engagement que l'entreprise prend de ne pas les contredire publiquement, elle ne peut plus contester ces faits. L'entreprise accepte en outre de reconnaître sa responsabilité pour les actes commis par ses employés ou filiales décrits dans l'acte d'accusation (*information*).

C'est un étrange aveu que cet « aveu » qui porte ainsi sur des points de fait et de droit en l'absence de tout contrôle réel du juge sur les circonstances de son recueil et sans vérification de la sincérité de son auteur comme de l'équilibre des forces en présence[1].

Mieux, cet aveu *ad hoc* sort formellement de la bouche de l'entreprise pour revêtir la valeur d'une jurisprudence. En

1. Voir, en droit civil : Cass. Civ. 1re, 23 novembre 1982, Bull. n° 335, 81.15904 (« la déclaration d'une partie ne peut être retenue contre elle comme constituant un aveu que si elle porte sur des points de fait et non sur des points de droit »).

effet, dès que l'accord est signé, il est annoncé par communiqué de presse du DOJ, publié *in extenso* sur son site Internet et repris aussitôt par les cabinets d'avocats. Suit un communiqué de presse de l'entreprise préalablement soumis à son approbation[1]. À l'instant où l'« aveu » de l'entreprise est signé et publié, celle-ci perd ainsi toute possibilité de réagir autrement que dans le strict cadre transactionnel sous peine de rupture de l'accord décidée unilatéralement par le procureur.

La *self-defense* de l'entreprise consiste alors à se plier aux différentes étapes de « formatage » de sa parole pour être *in fine* son propre juge (*self-enforcement*). L'entreprise devient « la *bouche* qui prononce les paroles de la *loi* ; des êtres inanimés qui n'en peuvent modérer ni la force ni la rigueur »[2]. Elle prend ainsi la place de cet être inanimé qui récite publiquement les paroles de la loi ; peu importe qu'elle soit jugée coupable ou non, pourvu qu'elle reconnaisse publiquement un comportement répréhensible (*wrongdoing*). Non seulement l'entreprise semble devenir le vecteur d'une loi façonnée par le DOJ, mais elle s'oblige en outre à ne pas la contredire pendant le temps de l'accord.

1. Voir un exemple de clause dans le *DPA* de Standard Chartered : "A further provision in the clause was that the company shall not issue a press release or hold a press conference concerning the facts at issue in the *DPA* without first consulting with the DOJ 'to determine (a) whether the text of the release or proposed statements at the press conference are true and accurate with respect to matters between the United States and [the company] ; and (b) whether the United States has no objection to the release'."

2. Montesquieu, *De l'esprit des lois*, 1748. Je souligne.

L'interdiction de se contredire, mode d'expression de la rigueur de la loi

En sus de cet « aveu » contracté sur des faits pré-rédigés par le DOJ, l'entreprise prend encore l'engagement de ne pas les contredire publiquement. Par une disposition singulière parfois dénommée *muzzle clause* (« clause-muselière » [1]), elle s'interdit de contester ces faits dans la presse et dans toute procédure subséquente, américaine ou étrangère. Si elle est poursuivie à raison des mêmes faits, elle est donc privée du droit de se défendre sauf à prendre le risque d'une rupture de l'accord.

Cette clause a ainsi manifestement pour but de consolider l'« aveu » en pérennisant la version des faits « négociée » avec le DOJ. Par la force d'une stipulation contractuelle, l'aveu sur les faits associé à l'interdiction de les contredire produit *erga omnes* le même effet que celui attaché à une condamnation.

La situation est d'autant plus périlleuse pour l'entreprise que le procureur dispose du pouvoir discrétionnaire (*sole discretion*) d'apprécier l'écart entre la parole publique et la parole négociée et, partant, de déterminer s'il s'agit d'un cas de rupture de l'accord et d'ouverture des poursuites pénales. C'est dans cette situation que l'absence de contrôle par le juge judiciaire s'avère la plus problématique, car cette absence laisse alors le procureur seul juge de la déclaration contraire et de la rupture de l'accord. Par l'effet de cette clause, l'entreprise est dans la situation étonnante d'être empêchée de dire sa vérité du dossier car elle est liée par un « aveu » formaté.

1. Selon l'expression du FCPA Professor, "the 'muzzle' clause" (à propos de Standard Chartered ; http://www.fcpaprofessor.com, 26 mars 2013).

Avant d'arriver à la rupture de l'accord, l'entreprise conserve toutefois une chance de le maintenir en rétractant la déclaration contraire sous bref délai. C'est la pratique du pardon public, ou *shaming*. Si l'entreprise est prise au piège de la parole lénifiante au cours d'une conférence de presse, elle est immédiatement tenue de prononcer des excuses publiques sous forme de paroles réparatrices empruntant le vocabulaire des éléments constitutifs de l'infraction.

Le risque n'est pas théorique. Standard Chartered l'a expérimenté récemment, lorsque son dirigeant a déclaré à des journalistes que les faits reconnus dans la transaction étaient des erreurs (*clerical errors*). Il a alors été contraint de prononcer les paroles réparatrices devant le collège des procureurs du DOJ contenant les termes imposés d'« acte délibéré » (*willful act*) et d'« excuses » (*apologize*)[1].

On le voit, cet « aveu » transactionnel, à la différence d'un *guilty plea*, ne matérialise pas une condamnation. L'entreprise ne plaide pas coupable mais se limite à reconnaître formellement la véracité des faits reprochés. Dans l'esprit du DOJ, ce qui est alors déterminant, c'est la reconnaissance détaillée de la faute de l'entreprise et sa repentance publique[2].

1. *Wall Street Journal*, 21 mars 2013. Voir les extraits des déclarations rectificatives : "My statement that [the company] 'had no willful act to avoid sanctions' was wrong, and directly contradicts [the company's] acceptance of responsibility in the deferred prosecution agreement and accompanying factual statement. [...] I, Mr. Sands, Mr. Meddings, and Standard Chartered Bank apologize for the statements I made to the contrary".

2. "Perhaps most important, whether or not a corporation pleads guilty, as Siemens AG did, or enters into a *DPA* with the government, the company must virtually always publicly acknowledge its wrongdoing. And it must do so in detail. This often has significant consequences for the corporation, and it

L'aveu ne consiste donc pas à reconnaître l'exactitude des faits reprochés mais plutôt à constater l'adhésion de l'entreprise à une version des faits formatée par le DOJ sans contrôle réel du juge. C'est d'autant plus vrai que la SEC a récemment encouragé le recours au *Non-Prosecution Agreement* (*NPA*) avec la société Ralph Lauren[1], ce type de transaction présentant sans doute l'avantage de ne pas être soumis à l'examen du juge judiciaire.

La récompense (*reward*) ultime offerte par le DOJ à l'entreprise est alors d'échapper à toute sanction, pourvu qu'elle démontre un comportement exemplaire. Ce fut le cas dans l'affaire Morgan Stanley où la divulgation spontanée de l'inconduite d'un ancien directeur combinée à un programme de *compliance* efficace a été récompensée par le non-engagement des poursuites, ou *declination*[2]. Le DOJ a utilisé, dans ce dossier comme dans d'autres, les mots clés de la récompense, à savoir la dénonciation spontanée de l'inconduite, la coopération pleine et entière ou exemplaire (*exemplary cooperation*), un programme de *compliance* « rigoureux » (*robust*) ou « vigoureux » (*vigourous*).

Dans ce type de dossiers, la *self-defense* de l'entreprise consiste apparemment à obéir, voire à s'autodénoncer pour échapper soit au juge judiciaire (*NPA*), soit au procureur (*declination*). Pour l'essentiel, l'entreprise est incitée à s'auto-

prevents companies from explaining away their resolutions by continuing to deny that they did anything wrong" (Lanny Breuer, 13 septembre 2012).

1. *NPA*, 22 avril 2013.

2. Lanny Breuer, 13 septembre 2012 ; le DOJ a aussi publiquement affirmé qu'il avait choisi de ne pas poursuivre la banque en raison de son programme de *compliance* jugé efficace (United States Department of Justice, communiqué 12-534, 25 avril 2012).

dénoncer avec la plus grande célérité car plus elle agit vite, plus elle est réputée avoir obéi spontanément et plus elle est récompensée. Dans l'affaire Ralph Lauren, la SEC a ainsi publiquement relevé l'autodénonciation par l'entreprise des faits litigieux (*self-disclosure*) dans un délai de deux semaines, mais aussi l'« exceptionnelle » assistance à l'enquête de la SEC et l'« économie » de coûts en résultant pour les autorités qui ont ainsi « récompensé » l'entreprise par un engagement de ne pas poursuivre[1].

Ce système de « récompense » contribue à entretenir la pérennité du dispositif transactionnel, en évitant d'inciter l'entreprise à opter pour les poursuites judiciaires de droit commun. Il arrive d'ailleurs que les décisions du DOJ de ne pas poursuivre soient plutôt interprétées comme le signe d'un dossier trop faible pour fonder une accusation crédible devant un tribunal[2].

Quoi qu'il en soit, en l'état de ce système sans réelle alternative, la seule défense opératoire pour l'entreprise consiste *prima facie* à coopérer le plus rapidement possible afin de viser la meilleure récompense. Or, la plupart du temps, les poursuites ne sont que suspendues, le DOJ estimant notamment que l'entreprise, pour être qualifiée d'« exemplaire »,

1. Securities and Exchange Commission, communiqué de presse, 22 avril 2013 : "NPAs are part of the SEC Enforcement Division's Cooperation Initiative, which rewards cooperation in SEC investigations".

2. Voir en ce sens l'analyse du FCPA Professor : "the reason Morgan Stanley was not prosecuted for Peterson's actions is because there was *no basis* to hold Morgan Stanley liable even under lenient respondeat superior standards. Should you remain unconvinced, consider what U.S. District Court Judge Jack Weinstein (E.D.N.Y.) noted in the case – 'it is likely that [Morgan Stanley] would be considered a victim' of Peterson's conduct. (Voir 859 F.Supp.2d 477)".

doit mettre en place un programme « robuste » de *compliance*, généralement sous le contrôle d'un tiers (le *monitor*).

Peut alors survenir une difficulté résultant de l'existence de poursuites parallèles initiées par un autre État pour des faits identiques alors que celui-ci ne connaît pas cette forme de justice négociée. En pareille hypothèse, un choc des systèmes peut survenir dès l'instant où l'entreprise, sous le coup d'une poursuite suspendue aux États-Unis (*DPA*), est confrontée dans le même temps au procès pénal de droit commun et contrainte alors de se défendre avec des armes classiques qui entrent en conflit avec ses propres armes de *self-defense* déployées dans le cadre du système américain de justice négociée.

QUELLE STRATÉGIE EN CAS DE CONFLIT ENTRE LA *SELF-DEFENSE* ET LA DÉFENSE DE DROIT COMMUN ?

À prendre l'hypothèse d'une procédure pénale simultanément ouverte dans son État national pour les mêmes faits, l'entreprise soumise à un *DPA* se trouve prise dans un dilemme : ne pas revenir sur les faits reconnus aux États-Unis et prendre le risque d'une condamnation dans son État ; y revenir et prendre le risque d'une condamnation aux États-Unis (sans pour autant échapper au risque de condamnation dans son État).

Dans une telle hypothèse, là encore, la défense de droit commun paraît anéantie par le conflit des systèmes judiciaires. En effet, la *muzzle clause*, en interdisant à l'entreprise de contredire les faits « avoués », risque de paralyser la défense de droit commun.

L'entreprise liée par la *muzzle clause* est dans l'impossibilité concrète de se défendre dans son État d'origine sur les faits objet de l'accord conclu avec les autorités américaines. Une issue possible serait alors de se prévaloir de la règle *non bis in idem* qui permet à certaines conditions d'échapper aux poursuites ou au jugement portant une seconde fois sur les mêmes faits.

L'articulation complexe de la self-defense *et de la défense de droit commun*

Paradoxe de la *muzzle clause* : elle ne lie que deux parties aux États-Unis et pourtant, elle produit des effets concrets dans un autre État avec d'autres parties en bridant la défense de l'entreprise dans cet État.

Du fait de ce paradoxe, l'entreprise se retrouve à porter seule le poids de la politique pénale des États-Unis alors même que cette dernière peut entrer en conflit avec les principes fondamentaux de la procédure pénale française et européenne. En particulier, la *muzzle clause* s'apparente à un serment de vérité. Or on sait que, en droit français, seul le témoin doit prêter le serment de « dire toute la vérité, rien que la vérité ». La Cour de cassation a, en effet, jugé qu'un prévenu ne peut pas être entendu sous la foi du serment sur les faits qui lui sont imputés [1], le serment de dire la vérité étant incompa-

1. Crim., 6 janvier 1923, *DP* 1924.1.175.

tible avec les droits de la défense qui implique que le prévenu ait le droit de mentir sans craindre de sanction[1].

Or l'entreprise liée par la *muzzle clause* est *de fait* tenue non pas de dire « toute la vérité », mais, mieux, de dire une vérité calquée sur une version des faits formatée par le DOJ avec des termes choisis.

L'atteinte à la liberté de se défendre est d'autant plus grande que le juge judiciaire, conformément au principe de liberté des preuves en droit pénal (CPP, art. 427, al. 1er, art. 428), risque d'interpréter la reconnaissance des faits par l'entreprise (*Statement of Facts*) comme un élément à charge. La portée de cette preuve ne saurait cependant qu'être très limitée en raison des conditions contraintes dans lesquelles cet « aveu » a été effectué, conditions qui ne répondent pas à celles du droit français. Le juge français ne peut même pas soumettre cet « aveu » à la libre discussion des preuves imposée par le Code de procédure pénale (CPP, art. 427, al. 2) puisque, cette fois, c'est la *muzzle clause* qui empêche l'entreprise de participer à cette discussion.

Privée du droit de se défendre sur les faits objet de l'accord, elle ne dispose que de moyens très limités, la transaction n'autorisant pratiquement à se défendre que sur les qualifications juridiques et sur des faits justificatifs (*affirmative defenses*). Pour tenter d'échapper au piège créé par l'irruption de la transaction américaine dans le procès de l'État national, reste le possible recours à la règle *non bis in idem*.

1. Frédéric Desportes, Laurence Lazerges-Cousquer, *Traité de procédure pénale*, Paris, Economica, 2012, n° 595.

L'applicabilité de la règle non bis in idem *en présence d'une transaction ?*

L'issue semble être d'invoquer la règle *non bis in idem* qui interdit de poursuivre ou de punir une personne en raison d'une infraction pour laquelle elle a déjà été condamnée par un jugement définitif. Une décision de la Cour de justice de l'Union européenne a ainsi pu assimiler à un jugement au sens de la règle *non bis in idem* la décision d'un procureur de mettre fin aux procédures pénales [1].

Cette solution permet sans doute d'envisager l'applicabilité de la règle *non bis in idem* en cas de transactions négociées avec les autorités américaines. Certes, on enseigne que la territorialité de l'infraction est le critère d'application de la loi pénale nationale et, partant, que la règle *non bis in idem* n'a qu'une application nationale. Ainsi, la règle *non bis in idem* est applicable lorsque le jugement rendu à l'étranger porte sur des faits intégralement commis en dehors du territoire national. En revanche, elle ne s'applique pas lorsque les faits poursuivis ont été commis, même très partiellement, dans l'État national [2].

Pourtant, lorsque, par l'effet de l'extraterritorialité des

1. CJCE (devenue CJUE), 11 février 2003, n° 187/01 : selon la décision, est assimilable à un jugement définitif au sens de la règle *non bis in idem* la décision par laquelle le procureur met fin à la procédure, sans intervention d'une juridiction, après que le prévenu a satisfait à certaines obligations et notamment a acquitté une certaine somme d'argent fixée par le Ministère public. Sibyl Stein, « Le principe *ne bis in idem* dans l'Union européenne », *AJ Pénal*, octobre 2011, n° 443.

2. Crim., 17 mars 1999, *Bull. crim.*, n° 44 ; Didier Rebut, *Droit pénal international*, Paris, Dalloz, 2012, n° 86.

procédures américaines, une entreprise étrangère se voit imposer dans son État national le respect de dispositions qui rendent impossible sa défense effective sur des faits déjà sanctionnés aux États-Unis, il y a sans doute urgence à rendre plus effective la règle *non bis in idem*. En effet, cette règle figure dans le Pacte international relatif aux droits civils et politiques qui ne pose formellement aucune condition relative à la territorialité des faits[1]. Or les faits de délinquance économique sont souvent réputés commis dans plusieurs territoires et passibles de multiples poursuites du fait de l'extraterritorialité de certaines lois. Il serait alors contraire aux droits de la défense de poursuivre les mêmes faits dans plusieurs États sans adapter le principe *non bis in idem* à ces infractions « déterritorialisées ». L'OCDE a, semble-t-il, ouvert la voie en matière de corruption internationale, recommandant en cas de pluralité de compétences que les États se concertent en amont pour déterminer *celui qui est le mieux à même* d'exercer les poursuites[2].

*

Le premier pas franchi par l'OCDE souligne bien que l'entreprise ne peut pas résoudre seule les questions complexes découlant de l'application extraterritoriale des

1. Article 14 § 7; Roger Merle, Alain Vitu, *Traité de droit criminel*, *op. cit.*, n° 308; Michel Pralus, « Étude en droit pénal international et en droit communautaire d'un aspect du principe *non bis in idem : non bis* », *Rev. Sc. crim.* 1996, p. 568.

2. *Convention OCDE sur la lutte contre la corruption d'agents publics étrangers dans les transactions commerciales internationales*, art. 4 § 3.

normes américaines. Ces questions supposent en effet une intensification de la coopération des États. Car la *self-defense* n'est concevable que dans le cadre strict du dispositif transactionnel américain ; elle ne fonctionne pas dans d'autres cadres où c'est le juge judiciaire qui dispose du rôle décisif.

Sous cet aspect, on peut observer une reconnaissance timide par les autorités américaines de certains particularismes locaux tels que la loi française de blocage du 26 juillet 1968 (*blocking statute*) qui est d'emblée incluse dans les transactions américaines. Cette loi interdit la communication à toute autorité étrangère de renseignements d'ordre économique pour les besoins de procédures judiciaires étrangères ou de nature à porter atteinte aux intérêts de la France. Symboliquement, la loi de blocage contraint alors l'autorité américaine à passer par le traité franco-américain d'entraide judiciaire [1] pour obtenir l'information sollicitée. Paradoxalement, on voit que cette loi est, de prime abord, mieux respectée lorsqu'elle est incorporée à la transaction américaine que lorsqu'elle est invoquée par le défendeur dans le cadre d'un procès de droit commun [2].

Pourtant, le Groupe de travail de l'OCDE sur la corruption internationale recommande à la France de prendre toutes mesures appropriées, y compris une modification de la « loi de blocage » visant à garantir que cette loi ne fasse pas obstacle à la conduite à l'étranger d'enquêtes et de poursuites

1. En matière pénale du 10 décembre 1998.

2. *Aerospatiale v. U.S District Court*, 482 U.S. 522, 1987. High Court Royal Courts of Justice, *National Grid Electricity Transmission plc v ABB Limited and others*, 11 avril 2013.

pour corruption d'agents publics étrangers[1]. En suggérant de libérer un peu plus les entraves aux enquêtes internationales, l'OCDE franchit un nouveau pas, celui d'une inéluctable acclimatation du système français à la justice négociée à l'américaine.

1. *Rapport phase 3 sur la mise en œuvre par la France de la convention OCDE sur la lutte contre la corruption*, octobre 2012, p. 75.

Chapitre 4

L'avocat serviteur de deux maîtres ?

Pierre Servan-Schreiber

L'avocat est un professionnel assermenté et indépendant qui, sur la base de sa connaissance du droit, conseille, défend et rédige pour le compte de son client afin de défendre ses intérêts, dans la seule limite des règles déontologiques de sa profession. Il n'a aucune obligation de révéler la « vérité ». Bien au contraire, il est soumis, en France, au secret professionnel le plus absolu dont nul, même pas son client, ne peut le délier. Ce statut a aussi pour conséquence de rendre impensable aux yeux des avocats français la possibilité d'avoir à dénoncer son client.

L'avocat américain, contrairement à une idée répandue, n'est pas si éloigné de son confrère français. Ceux qui pensent que les avocats américains ont une déontologie moins rigoureuse que la nôtre se trompent lourdement. Mais la relation de secret entre un client et un avocat américain est néanmoins un peu différente. L'ensemble des échanges oraux ou écrits entre un avocat et son client est couvert par le *legal privilege* que l'avocat, tout comme son client, peut opposer à quiconque chercherait à connaître la teneur de ces échanges à condition qu'ils relèvent bien du rôle de conseil, de rédacteur ou de défenseur de l'avocat. Mais, à la différence du système français, ce *privilege* n'est pas absolu dans la mesure où le client peut y renoncer et, par conséquent, permettre ou même demander à son avocat de révéler tout ou partie de ces échanges. Là se trouve la principale différence, non négligeable par ailleurs, dans les rapports entre l'avocat et son client presque identiques, que ce soit aux États-Unis ou au sein de l'Union européenne. En outre, l'avocat américain ne peut présenter à un tribunal des faits qu'il sait ne pas refléter la vérité, ni se rendre le complice de mensonges de la part de son client. On voit bien ici le fossé culturel qui sépare les pays de tradition latine pour qui la défense passe avant la vérité et ceux de culture anglo-saxonne pour qui c'est l'inverse.

Quoi qu'il en soit, le nouveau paradigme qui nous intéresse pose des questions inédites à l'avocat – qu'il soit français, américain ou autre – sur la nature de cette relation. En effet, dès lors qu'il décide de coopérer avec les autorités, le client peut parfois avoir le sentiment que l'avocat[1] qu'il a choisi et qu'il paie, travaille autant pour le compte de l'autorité que pour le sien propre, et que, de toute façon, il finira, après avoir dépensé des sommes considérables en frais et honoraires, par payer aux autorités concernées des amendes de centaines de millions de dollars pour mettre un terme aux procédures en cours. Le client pourra en outre juger ce montant parfaitement arbitraire au regard des erreurs, manquements ou fautes réellement intervenues. Enfin, l'accord transactionnel avec ces autorités impose parfois à l'entreprise d'accepter à demeure un *monitor*, c'est-à-dire un profession-

1. Ou, plus exactement, le cabinet d'avocats, ou encore les *law firms,* évoquées en introduction au présent ouvrage, tant les tâches, nombreuses et complexes, ne peuvent être accomplies par un seul avocat ou par un petit cabinet.

nel, qui peut être un avocat[1] – encore eux ! –, un cabinet d'expertise-comptable ou de consultants, payé par l'entreprise mais dont la mission sera de s'assurer que celle-ci respecte la loi et les engagements pris dans le cadre de l'accord transactionnel et de dénoncer tout manquement aux autorités concernées, sans autre forme de procès.

L'avocat serait-il passé de l'autre côté, se demandent certains ? N'est-il pas devenu un auxiliaire des autorités plutôt que le défenseur de son client ? Met-il en réalité toutes ses compétences au service de la manifestation de la vérité ou de la défense de son client ? Comment peut-il poursuivre ces deux objectifs contradictoires ? Ces questions, directement induites par ces nouvelles procédures, ne sont pas illégitimes. Le malentendu vient peut-être de ce que les entreprises ayant choisi de coopérer ont ensuite du mal à en accepter toutes les conséquences. La nature et l'ampleur de ces dernières rendent parfois compréhensible qu'elles cherchent à reporter leur frustration, voire leur colère, sur celui qui à leurs yeux représente le système et sa logique inflexible qui les mène au gibet des sanctions.

COOPÉRER OU NE PAS COOPÉRER : EST-CE *VRAIMENT* LA QUESTION ?

La question paraît centrale et pourtant, elle est un peu décalée avec la réalité ; peut-être même s'agit-il d'une fausse alternative. La réalité, c'est que l'on voit mal l'intérêt

1. Autre que l'avocat qui aura conseillé l'entreprise.

qu'aurait une entreprise à ne pas coopérer. Un tel refus entraînerait, d'une part, la mise en œuvre par les autorités américaines de mesures beaucoup plus dures qui aboutiraient à obtenir les mêmes informations, et probablement bien d'autres, par des moyens plus préjudiciables à l'entreprise. On songe à une intervention beaucoup plus déterminée des procureurs (fédéraux ou étatiques) américains délivrant des injonctions de communiquer, voire demandant la mise en accusation par le biais de *Grand Jury Subpoenas*[1] aux effets, notamment médiatiques, désastreux. Ces pouvoirs seraient, d'autre part, exercés de façon beaucoup plus agressive à l'encontre de l'entreprise concernée, tout d'abord parce que les enquêteurs des autorités administratives et les procureurs prendront nettement moins de gants avec l'entreprise que ses propres conseils ne le font, mais aussi parce qu'ils voudront montrer ce qu'il en cuit à une entreprise de ne pas coopérer. Et, comme si cela ne suffisait pas, toute entreprise exerçant ses activités aux États-Unis sur la base d'une autorisation d'exercer (banques, assurances) ou ayant besoin, directement ou indirectement, du gouvernement américain et de son bon vouloir pour poursuivre ses activités (laboratoires pharmaceutiques, entreprises aéronautiques et plus généralement toute entreprise traitant avec les démembrements de l'État) pourrait se voir, de droit ou de fait, empêchée d'y poursuivre ses activités.

1. Un *subpoena* (littéralement, en latin, « sous peine de ») est un acte par lequel un procureur, par le biais d'un *Grand Jury*, va demander (et, dans l'immense majorité des cas, obtenir) l'autorisation du tribunal, soit de faire comparaître une personne afin de recueillir son témoignage (*subpoena ad testificandum*) ou bien de contraindre une personne à communiquer des éléments matériels en sa possession (*subpoena duces tecum*).

Enfin, ne nous faisons pas d'illusions, il n'y aurait pas d'enquête si les autorités n'avaient de bonnes raisons de penser que leur pêche sera fructueuse. Que ce soit à la suite d'une dénonciation interne[1], de celle de concurrents ou de partenaires, ou bien encore par la seule connaissance que ces autorités auront acquise à l'occasion d'autres dossiers similaires, il n'y a pas souvent de fumée sans feu. À l'avocat de montrer qu'il y a beaucoup plus de fumée que de feu.

Devant une telle réalité, comment imaginer qu'un avocat ou un directeur juridique puisse recommander à un dirigeant de ne pas coopérer ? Il doit accepter ce principe de réalité et coopérer, car c'est le plus souvent – voire systématiquement – le moindre mal.

LA LOGIQUE IMPLACABLE DE LA COOPÉRATION

Peut-on, se demandent ensuite les entreprises, coopérer *a minima* ? Cette seconde question est, une fois encore, source de grands malentendus. La coopération, en effet, n'est pas faisable qu'à moitié, car, une fois cette décision prise, l'entreprise entre dans la logique implacable du processus de coopération. Cet enchaînement est le suivant :

« Si vous avez des activités aux États-Unis vous avez accepté de vous soumettre volontairement à ses lois et règlements ;

1. Par le biais, notamment, de *whistleblowers*, désormais protégés aux États-Unis par une série de dispositifs légaux et d'organisation interne des entreprises.

« si vous êtes soumis à nos lois, vous devez choisir entre coopérer et ne pas coopérer ;

« si vous choisissez de coopérer, vous devez vous engager à coopérer réellement et sincèrement[1], et vous ne pouvez donc le faire à moitié ;

« si vous coopérez sincèrement, vous devez chercher, trouver, analyser et nous présenter tous les éléments de faits pertinents de façon diligente et efficace ;

« sur cette base, toute omission, tout retard, toute dissimulation, volontaire ou non, sera interprété comme un refus de coopérer pleinement, voire comme une entrave à la justice et les conséquences en seront très lourdes. »

On comprend aisément l'impression pour l'entreprise d'être prise dans un engrenage infernal. Une fois prise la décision de coopérer, dont on a vu qu'elle ne souffre pas vraiment d'alternative, l'entreprise se voit « embarquée » dans un processus sur lequel elle n'a guère prise et qui la contraint moins à adopter une logique de défense que de limitation des dégâts (*damage control*). Qu'elle n'espère pas cependant ne coopérer que de manière formelle car son avocat joue, lui aussi, sa crédibilité et sa réputation dans l'affaire.

Le rapport, auquel est confronté l'avocat américain, entre le devoir de vérité et le devoir de défendre son client est l'un des domaines les plus complexes et les plus discutés en droit américain. Une chose néanmoins est sûre, dès lors que la procédure de coopération a été « choisie » par le client, l'avocat ne peut plus se rendre complice d'un détournement de celle-ci sous peine de se voir accusé de complicité d'obstruction à la justice. Il ne peut en aucun cas accepter de dissimu-

1. *To cooperate truthfully*, où l'on retrouve la notion de vérité.

ler des éléments à charge importants dont il viendrait à avoir connaissance. Il pourra, bien sûr, s'opposer à leur communication, en s'aidant de textes internationaux sur la production de preuves en matière internationale, par exemple. Il pourra contester fortement leur importance apparente, mettre en doute leur authenticité, etc. Mais il ne pourra pas déférer à une demande de son client de soustraire cet élément à la connaissance des autorités, sous peine de se voir à son tour accusé, y compris pénalement.

Dès lors, l'avocat va agir en enquêteur diligent et méticuleux. Non pas, comme peuvent le penser certains clients, par zèle collaborationniste ou parce qu'il se sent investi d'une mission d'ordre public, mais parce que, pour que la coopération serve réellement les intérêts de l'entreprise, il faut que les autorités soient convaincues qu'il s'agit d'une vraie coopération, pleine et entière, faite rapidement, efficacement et sans dissimulation. Il va donc procéder avec soin et diligence aux travaux d'enquête et d'analyse au sein de l'entreprise qui est sa cliente afin de permettre aux autorités concernées de déterminer le périmètre, la durée et l'étendue de l'infraction.

En effet, rien de plus désastreux que de présenter aux autorités le résultat d'une enquête interne incomplète, d'autres éléments étant apparus postérieurement à la présentation. Une telle situation, même si elle résulte d'une erreur ou d'une omission de toute bonne foi, jette un discrédit sur l'ensemble des opérations et se traduit la plupart du temps par une augmentation significative soit du périmètre de l'enquête, ce qui entraîne un investissement supplémentaire en temps, en ressources et en argent considérable, soit du montant de l'amende, soit des deux.

L'une des conséquences qui en résulte et qui peut sembler choquante est la situation de l'avocat qui interroge son client. « Que faisiez-vous ? Où ? Pendant combien de temps ? Sur instruction de qui ? Au vu et au su de qui d'autre ? Dans quelle mesure ces pratiques, ces manquements, étaient-ils connus ou voulus de la direction du groupe ou de la filiale concernée ? Quels dispositifs existaient qui auraient pu les empêcher ? Pourquoi n'ont-ils pas fonctionné ? Ou, s'ils n'existaient pas, pourquoi ? » Voici quelques-unes des questions auxquelles les avocats vont tenter d'apporter une réponse. On imagine aisément le sentiment que peut éprouver le client face à ces questionnements. Pourtant, l'avocat ne fait ici que son devoir, c'est-à-dire d'accomplir sa mission au mieux des intérêts de son client. Il doit poser toutes les questions, même celles qui peuvent sembler inconvenantes entre gens bien élevés. Il ne peut se contenter d'approximations. Il doit savoir obtenir toutes les explications et les obtenir rapidement. Il doit les contester si elles lui semblent insatisfaisantes ou en contradiction avec d'autres éléments du dossier. Lors d'entretiens, y compris avec ceux-là mêmes qui l'ont engagé pour faire cette mission, il doit souligner les contradictions, montrer à la personne concernée des extraits de sa boîte d'e-mails, de ses SMS, de son agenda, pour lui demander d'expliquer les apparentes contradictions qui peuvent en résulter. Tout cela est fort désagréable mais indispensable pour que, le moment venu, il puisse soutenir sans ciller la défense convenue avec son client auprès des autorités concernées.

En outre, c'est aussi dans ce genre de situations que l'on peut voir la différence entre des avocats qui se contentent de poser les questions et de noter les réponses et ceux qui sauront, par leur comportement, leur façon d'expliquer à leur client les tenants et aboutissants de la procédure et leur rôle dans celle-ci, obtenir une réelle coopération de sa part, sans artifice, sans dissimulation, mais sans que ce dernier n'ait le sentiment d'être soumis à l'inquisition. La situation du dirigeant visé est en effet assimilable à celle d'un individu convoqué en France par un juge d'instruction. Lorsque les faits sont établis, le rôle de l'avocat défenseur sera multiple, des contestations sur la validité de la procédure à l'éclairage qu'il saura donner à ces faits pour réduire ou contester la responsabilité de son client. La seule différence est que, dans la procédure d'*enforcement by cooperation*, c'est l'entreprise elle-même qui, avec l'aide de ses avocats, va précisément établir ces faits.

L'AVOCAT PRIS DANS UN CONFLIT DE LOYAUTÉS ?

Lors d'une réunion récente des General Counsel[1] de grandes institutions financières européennes, la question fut posée de savoir si, dans sa fonction d'enquêteur, dans le cadre d'investigations menées à la demande d'autorités gouverne-

1. Il n'existe pas de traduction satisfaisante de ce terme en français. Dans certains groupes français, on l'appelle le secrétaire général, dans d'autres le directeur juridique, dans d'autres encore le secrétaire du conseil, qui se trouve d'ailleurs souvent être par ailleurs secrétaire général ou directeur juridique. Il s'agit en fait de l'avocat interne du groupe, de la personne vers qui remontent toutes les questions de nature juridique ou aux conséquences juridiques pour le groupe. Autant dire qu'il est depuis longtemps un personnage extrêmement important dans les groupes américains et nombreux sont ceux qui, à l'inverse de l'Europe en général et de la France en particulier, peuvent accéder à la direction générale ou à la présidence d'un groupe par cette voie.

mentales, l'avocat ne se trouvait pas en situation de conflit d'intérêts[1]. La réponse est indubitablement négative.

On imagine mal, tout d'abord, qui d'autre pourrait faire de telles enquêtes. Certains se sont demandé si l'entreprise ne pourrait pas procéder elle-même à cette enquête interne, mais de nombreuses raisons s'y opposent.

Premièrement, une enquête interne, qu'elle soit en matière de corruption, de commerce avec les pays sous embargo, de droit de la concurrence ou autre, requiert des milliers d'heures/hommes et aucune entreprise ne peut y pourvoir, sauf à considérer qu'elle emploie des dizaines de personnes à ne rien faire d'autre, ce qui n'est jamais le cas.

Deuxièmement, ce type d'enquêtes demande un savoir-faire précis que l'on ne retrouve en général pas au sein des entreprises, sauf pour quelques-unes d'entre elles, principalement les banques, qui disposent de services d'enquête extrêmement professionnels et aguerris.

Troisièmement, il ne sert à rien de chercher si l'on ne sait pas à quoi va servir ce que l'on trouve. En d'autres

1. Il y a conflit d'intérêts en France :

– dans la fonction de conseil, lorsque, au jour de sa saisine, l'avocat, qui a l'obligation de donner une information complète, loyale et sans réserve à ses clients, ne peut mener sa mission sans compromettre, soit par l'analyse de la situation présentée, soit par l'utilisation des moyens juridiques préconisés, soit par la concrétisation du résultat recherché, les intérêts d'une ou plusieurs parties ;

– dans la fonction de représentation et de défense, lorsque, au jour de sa saisine, l'assistance de plusieurs parties conduirait l'avocat à présenter une défense différente, notamment dans son développement, son argumentation et sa finalité, de celle qu'il aurait choisie si lui avaient été confiés les intérêts d'une seule partie ;

– lorsqu'une modification ou une évolution de la situation qui lui a été initialement soumise révèle à l'avocat une des difficultés visées ci-dessus.

termes, les enquêteurs doivent parfaitement maîtriser le droit américain en général, et les réglementations dont la violation est invoquée en particulier, pour comprendre immédiatement l'importance d'un fait ou d'un document et les arguments qu'on peut en tirer, à charge et à décharge. Cela ne s'improvise pas.

Quatrièmement, si l'on veut éviter, précisément, les conflits d'intérêts, réels ou potentiels, comment imaginer qu'un employé d'un groupe puisse poser librement toutes les questions, même les plus dérangeantes, à ses supérieurs, directs et indirects ?

Dans son rôle d'enquêteur, l'avocat exerce en réalité une fonction de représentation. Non pas de représentation des autorités, comme peuvent le penser parfois ses clients, mais du client lui-même et de lui seul. En effet, l'avocat qui mène l'enquête le fait pour le compte du client, aux frais du client et sur instruction du client. Ce dernier est libre d'y mettre un terme à tout moment. Le cabinet ne reçoit des autorités ni instructions, ni honoraires, ni informations privilégiées. Il reste libre de son argumentation et de la présenter comme bon lui semble, en accord avec son client, aux autorités qui n'ont par ailleurs pas de pouvoir sur sa capacité à exercer sa profession.

Une autre solution envisageable, pour éviter ce sentiment d'avoir son avocat en face et non à côté de soi, serait de confier l'enquête à un cabinet dont ce serait l'unique rôle, tandis qu'un autre cabinet, choisi aussi par le même groupe, en serait le conseiller et le défenseur. La réponse est ici plutôt de bon sens : seul le cabinet qui conseille et qui défend peut mettre en perspective ce qu'il trouve dans l'enquête. Un (bon) avocat sait présenter les choses d'une façon favorable à son client sans travestir la réalité des faits. Encore faut-il qu'il soit et qu'il se sente investi d'une mission de représentation et de défense. S'il n'est payé que pour chercher et trouver, alors, il n'est plus le conseil du client et là, il n'y a aucune raison pour lui de ne pas faire rapport de tout ce qu'il a trouvé d'une façon qui ne peut être que moins favorable aux intérêts du client. On ne voit pas ce qui distinguerait l'avocat des experts-comptables ou des commissaires aux comptes. Mais, précisément, l'avocat a deux atouts : le *legal privilege*, d'une part, même s'il peut être malmené par ce nouveau type d'enquêtes, et, de l'autre, la maîtrise d'un art de présenter les faits qui le ramène à son cœur de métier.

MENACES SUR LES DROITS DE LA DÉFENSE

La dialectique des autorités américaines, pour qui seule une coopération pleine et entière, et donc sans entrave, peut apporter à l'entreprise concernée les bénéfices qui en résultent, pose rapidement la question de l'existence ou de l'exercice des droits de la défense.

Les engagements et renoncements auxquels une entreprise doit souscrire dans le cadre de la procédure de coopération ou à l'issue de celle-ci [1] parlent en effet d'eux-mêmes. Renoncement à se prévaloir de la prescription ou des protections offertes par la Constitution américaine ou par le Code de procédure pénale ; renoncement à contester les décisions

1. Voir par exemple des *Deferred Prosecution Agreements* souscrits par Siemens (15 décembre 2008) ou Total (23 mai 2013).

du gouvernement si ce dernier estime que l'entreprise n'a pas respecté ses engagements, etc.

Nous sommes bien loin des règles du procès.

De même, il peut se trouver – et la situation s'est produite à de multiples reprises ces dernières années – que les autorités américaines demandent aux clients de renoncer à leur *legal privilege* pour prouver leur bonne foi en quelque sorte. Il en va ainsi des demandes présentées par les autorités de voir lever le *legal privilege* sur certains documents produits par les avocats. Une telle demande heurte le juriste français à un double titre. Tout d'abord, le concept même de la levée du secret professionnel est inexistant en droit français. Le secret professionnel qui lie en France l'avocat à son client est absolu et, à supposer même qu'il puisse le faire, pourquoi voudrait-on répondre de façon positive à une telle requête à moins que l'on y soit contraint ? Là aussi, inutile de blâmer l'avocat qui recommanderait de lever la confidentialité de certains documents[1]. Il existe en effet des circonstances dans lesquelles il est, toutes choses égales par ailleurs, plus « intéressant » pour une entreprise de lever le *privilege* plutôt que de se battre pour le préserver. Il en va ainsi, par exemple, de travaux de traduction ou de synthèse faits par les avocats pour simplifier la compréhension des éléments pertinents par leur cliente. En revanche, l'avocat pourra, et devra, s'opposer à la levée du *privilege* sur les avis, analyses et recommandations qu'il aura rédigés.

1. Par exemple, les notes et résumés faits par l'avocat à l'occasion des entretiens (*interviews*) qu'il aura fait passer aux dirigeants, cadres et employés de l'entreprise pour déterminer leur rôle dans les événements ou faits reprochés à cette dernière.

Un autre exemple est le fait que les autorités puissent demander à entendre l'avocat[1] pour que ce dernier explique sur quel fondement juridique il a prodigué à son client tel ou tel conseil. Prenons un exemple vécu. Un avocat recommande à sa société cliente française de s'opposer à une demande de communication de certains documents de la part de l'autorité américaine, sauf à ce que cette dernière utilise les voies qui lui sont offertes par les traités et accords internationaux. Devant le refus de la société, l'autorité américaine en demande la raison et il lui est répondu que c'est le conseil français de la société qui a fait cette recommandation. L'autorité demande alors à l'entendre. C'est ainsi qu'un avocat français peut se trouver au téléphone, en présence de plusieurs représentants d'autorités américaines et d'avocats de sa cliente, en train de justifier sa recommandation auprès des autorités auxquelles elle a été opposée. L'image heurte. Mais en réalité, sur le fond, est-elle si incompréhensible ? Que fait l'avocat lorsqu'il plaide, si ce n'est expliquer à une autorité susceptible de prendre à l'encontre de son client une décision potentiellement défavorable, les fondements juridiques qui viennent au soutien de la défense ? En quoi la chose est-elle si différente ici ?

RÉINVENTER LA DÉFENSE

À la lumière de ce qui précède, on voit bien que, finalement, la nouvelle conformité place l'avocat non pas dans une situation délicate vis-à-vis de son client, mais le met au

1. Le plus souvent informellement, par téléphone.

contraire dans la même barque que ce dernier, voyant ainsi ses marges de manœuvre significativement plus limitées que dans le cas d'un dossier de contentieux classique.

Armé de son expérience, de sa connaissance du droit et de sa déontologie, il faudra qu'il sache tirer le meilleur parti de la situation pour minimiser les conséquences négatives de l'intérêt que portent les autorités concernées à son client. C'est ainsi que, à chaque étape du dossier, chaque jour, les avocats examinent avec leur client les éléments que révèle l'enquête et décident, avec lui, du meilleur usage qui peut en être fait. Comme en matière pénale, le meilleur avocat pour obtenir une sanction la plus faible possible n'est ni celui qui adopte une position de rupture, s'opposant à ses interlocuteurs à chaque occasion, ni celui qui se contente d'être un simple conduit entre son client et l'autorité, faisant tout ce qu'il peut pour plaire à cette dernière afin d'éviter son courroux.

Le cadre dans lequel l'avocat doit exercer son talent est certes nouveau, mais le métier ne change pas. Pour comprendre le sens de cette nouvelle défense, il faut revenir à la vieille distinction rhétorique entre la *relatio*, la *narratio* et la *probatio* – à savoir, l'acte de rapporter purement et simplement des faits isolés les uns des autres, le fait de les disposer ensemble d'une certaine façon pour en donner un récit convaincant, et enfin, la charge de présenter une argumentation juridique. Ces trois opérations sont en effet profondément corrélées et c'est précisément ce lien que doit faire l'avocat lorsqu'il assiste une entreprise dans le cadre d'une coopération avec des autorités américaines notamment. Les faits identifiés par l'enquête interne et rapportés aux autorités par la *relatio* s'imposent certes, mais une bonne *narratio* préfigure la preuve, et la *probatio* n'est que la simple confirmation appuyée sur des arguments juridiques de la *narratio*. Un bon récit des faits probants constitue ce que les avocats américains appellent la *theory of the case* et qui est le cœur de la défense. Un bon avocat ne peut se laisser enfermer dans des faits : la coopération laisse enfin la place à la défense.

La difficulté reste que, d'une part, il ne pourra jamais démontrer de façon quantifiable ce qu'il a pu éviter pour son client et, d'autre part, il reste toujours l'effet psychologique inconfortable d'apparaître aux yeux de son client comme un enquêteur chargé de trouver des éléments qui interviendront autant à charge qu'à décharge. La nouvelle conformité, en créant un nouveau rôle pour l'avocat, lui impose donc de nouvelles contraintes, à commencer par celle de réinventer la défense.

CHAPITRE 5

Une justice « très » économique

Antoine Garapon

Peut-on dire que ces deals de justice, à l'instar des autres transactions avant procès, se déroulent « à l'ombre du droit » ? L'expression semble inadaptée dans le cas qui nous intéresse, car de tels accords ne sont pas conclus parce que la justice est trop lente, trop coûteuse ou trop imprévisible, mais parce que ces affaires semblent excéder les compétences, aussi bien territoriales que professionnelles, des juges. Le juge national se montre incapable de répondre efficacement à des infractions aussi complexes, dans le temps court exigé par la vie des affaires. Comment parler encore de modes alternatifs de justice, s'il n'y a précisément pas d'alternative judiciaire crédible à la hauteur de tels enjeux ? Ce n'est plus d'un mode alternatif de règlement des litiges qu'il s'agit mais d'un nouveau modèle de régulation qu'on hésite à appeler juridique, tant il bouleverse les fondements mêmes du droit.

Cette nouvelle pratique nous éloigne du système classique dans lequel le législateur vote la loi, le juge l'interprète, ordonne son application et le justiciable s'y conforme. Il pointe vers un système totalement nouveau. Le droit n'est plus destiné à être appliqué mais devient un levier pour forcer la coopération. Alors qu'il doit exercer une fonction tierce, il s'efface devant une sorte de régulation qui s'inscrit dans la relation. Ce sont les postulats mêmes du droit classique qui sont invalidés par ces deals, car trop liés à un pouvoir politique, trop dépendants d'une culture et trop distants de l'économie. C'est tout un modèle de droit qui paraît subitement obsolète et inadapté, ce que confirmeront des évolutions analogues dans d'autres secteurs comme la lutte contre le terrorisme[1] ou la justice des crimes contre l'humanité[2], qui vont chacune secréter des droits dérogatoires.

DES TRANSACTIONS EN DEHORS DU DROIT

L'État américain combine donc intelligemment sa qualité de puissance publique, dont il suspend la mise en œuvre, avec sa puissance économique, bien plus dissuasive, mais qu'il n'utilise pas plus ! Plutôt que d'exercer directement ses prérogatives, il utilise sa puissance comme un levier – *a leverage* – de façon à multiplier les retours d'un investissement initial. Avec moins d'engagement de sa part, il obtient plus d'engagement de la part des entreprises : voilà le tour de force.

L'application stricte du droit comme les possibles sanctions économiques ont valeur de moyens de pression qui doivent être neutralisés à tout prix, voire de chantage (c'est

1. Je me permets de renvoyer à ce sujet à Antoine Garapon, "The Oak and the Reed : Counter-Terrorism Mechanisms in France and the United-States", *Cardozo Law Review*, vol. 27, 5, March 2006.

2. La difficulté de rapporter la preuve d'un tel nombre de crimes, qui ont été commis de surcroît par une administration tout entière, est telle qu'elle excède la capacité de la procédure pénale ou civile qui n'est adaptée qu'à des actes « ordinaires ».

également la logique des *subpoenas*). Mais, objectera-t-on, tout pouvoir quel qu'il soit n'est-il pas adossé à une menace ? D'où vient alors la nouveauté ? En ceci : la menace n'est pas destinée à rapatrier sous l'autorité du droit américain, mais à transiger, c'est-à-dire à rester hors du droit. Le but de la contrainte n'est pas de faire respecter le droit mais d'obliger, au contraire, à y renoncer ! L'application du droit – et surtout les sanctions économiques qu'il entraîne – n'est plus vécue comme protectrice mais comme dévastatrice, voire apocalyptique. L'éviter justifie toutes les transactions.

De nombreux exemples illustrent le fait que la renonciation à ses droits procéduraux est devenue aujourd'hui un enjeu de la vie sociale (*waiver rights culture*[1]). Le pouvoir renonce à exercer ses prérogatives publiques à condition que les entreprises renoncent elles aussi à leurs prérogatives privées, c'est-à-dire à lui opposer leurs droits[2]. Ce qui compte dans ce mécanisme, c'est l'*échange*, qui est créateur d'ordre, non plus l'application directe du droit. L'autorité publique utilise le droit, mais comme une manière d'ouvrir une négociation directe avec les entreprises.

1. Voir à ce sujet Dennis Curtis, Judith Resnik, *Representing Justice: Invention, Controversy, and Rights in City-States and Democratic Courtrooms*, New Haven, Yale University Press, 2010.

2. Très instructive à cet égard est la polémique soulevée par un *memo* qui estimait qu'un signe de la détermination à coopérer de bonne foi avec les autorités, était de renoncer à invoquer le secret professionnel avec son avocat. Même si cette possibilité a été ensuite écartée, elle n'en demeure pas moins extrêmement révélatrice des dérives possibles de ce nouveau rapport au droit.

De l'observation d'une règle à la coopération avec l'autorité

Un choix est offert aux entreprises entre la voie pénale « classique », fondée sur la répression, et une démarche collaborative, selon un circuit plus court et plus maîtrisé. De l'*imperium* de la loi, la contrainte a régressé à un choix.

Il suffit parfois aux autorités concernées de lire le journal le matin pour se saisir d'une nouvelle affaire. Elles écrivent alors à l'entreprise concernée pour lui signifier que des soupçons de non-respect de la réglementation applicable pèsent sur elle et pour lui demander de bien vouloir procéder aux investigations nécessaires afin d'en établir la réalité. L'autorité se dispense d'une procédure formelle et contradictoire, forcément lourde, coûteuse et aléatoire, et présente cette requête à l'entreprise comme une solution beaucoup plus simple et surtout, de façon plus ou moins explicite, comme une alternative bien moins défavorable pour l'entreprise qu'une enquête formelle qui ne manquerait pas de suivre un éventuel refus de sa part de coopérer.

La contrainte ne vise pas directement la normalisation, c'est-à-dire la conformation à un ordre, mais plutôt la *coopération* avec le pouvoir (le terme qui conviendrait le mieux serait celui de « collaboration », s'il n'était, dans son usage en français actuel, aussi péjorativement connoté). C'est donc bien une relation de pouvoir qui doit être analysée en tant que telle, c'est-à-dire en termes politiques.

Cette coopération peut prendre plusieurs formes : la dénonciation d'une illégalité aux autorités (*whistleblowing*), la participation active à la recherche de la vérité en finançant des enquêtes internes, ou encore la coopération volontaire, par exemple la *volontary disclosure*, c'est-à-dire de la dénonciation spontanée. Les entreprises sont en effet fortement incitées à s'autodénoncer, c'est-à-dire à prendre contact avec les autorités américaines pour leur signaler un manquement commis au sein de leur groupe et proposer de coopérer avec elles pour en apprécier l'ampleur et y remédier.

Ce dernier système semble en totale contradiction avec la protection constitutionnelle américaine apportée par le cinquième Amendement contre la *self-incrimination*. Pourquoi les raisons éthiques et philosophiques qui ont présidé à l'introduction dans la Constitution américaine d'un droit à ne pas s'auto-incriminer n'auraient-elles plus de sens dès lors qu'elles s'appliqueraient à des personnes morales ?

Le fait est que ce mécanisme de l'autodénonciation, fortement incitée par l'épargne d'une sanction partielle ou totale, se retrouve dans d'autres secteurs comme la justice transitionnelle. On songe aux Commissions Vérité et Réconciliation qui suivent un schéma relativement identique : *come, confess and get amnesty*. Ainsi, l'entreprise contrevenante est recrutée au service de l'autorité répressive ; elle doit se faire l'auxiliaire actif et zélé de la promotion des valeurs qu'elle a bafouées hier. La pression pour coopérer ne concerne pas que les infracteurs et s'étend à nombre de professions qui se voient imposer une obligation de dénonciation, non seulement de ce qui lui parut douteux, mais aussi ce qui pourrait l'avoir été. Le conditionnel s'ajoute au passé.

Le premier modèle juridictionnel cherche à normaliser directement un *comportement*, le second modèle relationnel à forcer un *consentement*. C'est la liberté qui subit le poids de la contrainte, pas le corps. Dans un cas, l'auteur de la contrainte est le moi collectif, dans l'autre le moi individuel. Il s'agit d'un contrôle par la liberté, mais une liberté guidée, sous pression. Le premier modèle a pour siège l'univers impersonnel de la règle, l'autre prend la forme d'une *relation* entre deux interlocuteurs. On est passé d'un paradigme juridictionnel à un paradigme *relationnel*. Il y a une contrainte dans les deux cas mais elle épouse des formes différentes : elle est externe et directe dans le premier cas, indirecte et interne dans le second. Celle-ci correspond à une internalisation d'une fonction régalienne, à une privatisation d'une fonction publique de traque des délits et des crimes (de certains en tout cas).

Par ce mécanisme, le pouvoir résout un certain nombre de problèmes, à commencer par celui de la difficulté d'exécution. C'est désormais l'entreprise qui s'en charge, ce qui efface nombre de difficultés comme les lois de blocage : ces dernières ne font plus obstacle à partir du moment où c'est l'entreprise qui ordonne elle-même une enquête interne.

Une coopération forcée

La plupart des entreprises soumises à un tel traitement ne contestent pas la méthode qui leur est appliquée et semblent s'incliner devant les décisions des autorités américaines. Il ne serait pas responsable en effet de refuser la proposition de transaction et de se lancer dans une procédure contentieuse. L'une des raisons tient au rapport au temps : le recours est long, alors qu'il est facile pour l'autorité de régulation de mettre à exécution des mesures *immédiates* comme la suspension de l'autorisation de mise sur le marché dans l'attente d'un procès au fond. Cela revient à pénaliser *de facto* l'exercice d'un droit.

La sanction réelle qui motive ces transactions avec les agences de régulation est la *mise à l'écart* du marché. Le risque est donc celui d'un bannissement mortel (qui jetait les individus hors de la cité, c'est-à-dire sans protection). Lors de l'affaire Siemens, de nombreux commentateurs ont insisté sur le fait que ce qui était en jeu pour la firme allemande n'était ni plus ni moins que sa survie. Les menaces drastiques de suspension pendant trois années, par exemple, mettaient en péril la viabilité économique du géant allemand. La sanction est d'ordre existentiel, elle ne passe plus par l'opprobre moral jeté par une autorité. Le caractère infamant de la sanction ne pèse pas beaucoup par rapport à la menace que brandit l'autorité de régulation. La punition est moins grave que le déréférencement par la Banque mondiale.

Alors que le propre de la prison ou de l'amende était d'être des instruments d'équivalence universelle, qui rapatriaient des actes de nature très différente dans une échelle de peine commune, une amende transigée est particulière : elle ne signifie rien, ou presque. D'autant que pèse sur elle un soupçon d'arbitraire puisque le montant des amendes n'est prévu par aucun catalogue. Ce système dresse l'acte de décès du principe de la légalité des délits et des peines. L'incitation est de réduire l'amende, mais l'amende est fixée par celui qui la réduit.

Cette pression, non pas pour se conformer à un ordre moral ou politique, mais pour coopérer, s'éclaire par une logique partenaire/paria qui instaure un lien très particulier. Il renvoie à une logique primaire du « nous et eux », du « qui n'est pas de notre côté est nécessairement contre nous ». Elle a beau être habillée de noms plus élégants, comme la « lutte contre les juridictions non coopératives », c'est bien de cette logique qu'il s'agit. La même philosophie se retrouve dans le mécanisme du *listing* qui est si prisé, c'est-à-dire de la liste noire; ou encore dans le mécanisme du *naming and shaming*, c'est-à-dire de la liste stigmatisante[1]. C'est le recours, en d'autres termes, à la *honte*: non à une honte éthique, mais à la stigmatisation qui blesse la réputation d'une marque, et donc son capital.

Le rapport partenaire/paria n'offre pas de voie médiane, c'est pourquoi il est oppressif: il n'y a pas de place pour la liberté, entendue comme possibilité de la différence sans dissidence, car cette position n'a de sens qu'au niveau d'une communauté politique interne. Ce dispositif témoigne d'un gouvernement à distance, qui manie l'exclusion, le bannissement, la suspension, mais ne recherche pas la juste distance. Parce que la juste distance trouve sa place dans le cadre d'un espace public, c'est-à-dire dans un espace où chacun est lié par un pacte politique sous-jacent et profond, qui fait ici défaut.

Le système ainsi construit présente une grande efficacité, mais sans passer par l'espace public; il n'y a pas de possibilité d'être neutre, de rester indépendant vis-à-vis du pouvoir: il y a obligation de coopérer, de « marcher dans la combine ». Alors qu'un long processus historique est parvenu à introduire un espace entre le souverain et les sujets, la tendance ici décrite semble marcher en sens contraire, tendant à les rapprocher dans une relation, certes moins conflictuelle, mais possiblement plus oppressante.

La différence entre l'ordre impersonnel de la loi et la contrainte relationnelle ainsi mise en place, c'est que l'une est médiatisée par une règle, l'autre non. Une règle de droit réclame

1. Comme le pratiquent certaines ONG contre des grandes entreprises, en dénonçant dans des campagnes publicitaires ou sur Internet leurs atteintes aux droits de l'homme ou à l'environnement.

une interprétation, un jeu dans tous les sens du terme, c'est-à-dire une articulation qui n'est pas totale et une dimension ludique, alors que la contrainte relationnelle, non. Le territoire produisait un type de relations marquées par la « réciprocité conditionnelle », qui avait pour effet que les relations et les transactions ne reposaient pas sur « des relations bilatérales entre agents, mais sur des règles [1] ». Les citoyens acceptent les règles générales de coopération car ils ont la certitude que les autres sont aussi disposés à s'y plier du fait de leur appartenance à une même collectivité politique. Il s'agit donc d'une règle qui contraint le comportement de l'extérieur. La transaction qui nous intéresse ici est bien différente, car elle doit trouver dans son économie interne la raison de son exécution :

> Ce qui fonde alors la règle, ce n'est pas l'accord de l'autre à la respecter, mais la rationalité *intrinsèque* de la règle. Ce déplacement fait disparaître la conditionnalité et transforme une règle réciproque en une valeur qui subsiste par elle-même : le « raisonnable » ou l'« équité » [2].

Remarquons que ces termes (« raisonnable » et « équité ») sont ceux-là mêmes employés en matière d'arbitrage commercial international ou d'investissements.

La négociation entre une entreprise et une agence n'est pas assimilable à la délibération à propos d'une règle. Une des difficultés des transactions (*settlements*) signées, c'est qu'elles ne disent rien des faits ou du « récit de justice » : elles

1. Paul Dumouchel, *Le Sacrifice inutile. Essai sur la violence politique*, Paris, Flammarion, 2011, p. 276.
2. *Ibid.*, p. 277.

ne s'expliquent que par des motivations stratégiques, économiques, réputationnelles, et non pas juridiques ou politiques. Jon Elster oppose le paradigme du marché et des processus de marchandage d'une part, et de l'autre, celui du forum, de l'argumentation et de la procédure du vote[1].

Cette relation déshabillée du droit, mais qui en est désormais la source et qui n'a de cesse que de le court-circuiter – que l'on retrouve aussi bien entre des entreprises elles-mêmes pour faire un *deal*, qu'entre ONG et gouvernements –, ouvre la voie à toutes sortes de perversions qui ne sont pas sans rappeler les maux que le droit démocratique prétendait soigner. Cela alimente l'hypothèse d'une certaine régression des pratiques postmodernes qui se trouvent avoir des relents pré-modernes. De la relation au droit... et retour ! Il y a un parfum de retour à l'état de nature.

Une légitimation par l'efficacité

Il n'y a pas de traduction satisfaisante en français qui résume en un seul mot le concept d'*enforcement*, qui recouvre, d'une part, l'idée d'application de la règle par l'autorité dépositaire et donc les notions de contrôle, de supervision, d'enquête et de sanction[2], et, de l'autre, celle d'exécution[3]. L'application se confond avec l'exécution : cette confusion est

1. « Le marché et le forum », *in* Charles Girard et Alice Le Goff, *La Démocratie délibérative. Anthologie des textes fondamentaux*, Paris, Hermann, coll. « L'Avocat du diable », 2010.

2. On parlera, par exemple, des *enforcement powers of the SEC*.

3. On dira d'un jugement exécutoire ou d'une clause contractuelle valide qu'il ou elle est *enforceable*.

très révélatrice d'une élision, dans la culture juridique américaine, entre la forme du droit et sa substance, entre le droit et sa réalité. Mais est-ce un problème culturel ou l'amorce d'un nouvel état de la régulation juridique ? Michel Foucault pencherait pour la seconde solution en percevant qu'il ne s'agissait pas que d'un problème technique mais de l'entrée dans un nouveau mode de régulation[1]. Il n'y a plus de distance entre la norme et son exécution : dans la régulation par le marché, la réalité elle-même est normative mais c'est une réalité en partie artificielle (modelée par des règles d'efficience). Pour influer sur le comportement des justiciables, rien ne sert de leur intimer des ordres, mieux vaut agir directement sur leur environnement d'action pour les amener à adopter l'attitude la plus conforme à leur intérêt, qui rejoint les intérêts de la loi.

Un monde objectif et fonctionnel qui relègue la vérité et la justice

L'une des grandes attractions de ce système est son efficacité. À la différence de nombre de législations – notamment continentales – qui ne sont pas ou peu appliquées, les menaces sont réelles, les amendes sont acquittées et les programmes de *compliance* effectivement mis en œuvre. Un seul dollar pris en défaut par l'OFAC est immédiatement sanctionné par une

1. « L'*enforcement of law*, c'est plus que l'application de la loi, puisqu'il s'agit de toute une série d'instruments réels qu'on est obligé de mettre en œuvre pour appliquer la loi. [...] C'est l'ensemble des instruments mis en œuvre pour donner à cet acte d'interdiction en quoi consiste la formulation de la loi, réalité sociale, réalité politique, etc. » (Michel Foucault, *Naissance de la biopolitique*, *op. cit.*, p. 259).

amende de milliers de dollars : c'est pour cela que ce système est aussi dissuasif. La vigueur de la réaction, l'opiniâtreté à la mener à son terme et le montant très élevé des amendes sont les clés du « sérieux » de ce dispositif. Il est redoutablement efficace, ce qui suffit pour être légitime aux yeux de l'OFAC.

La culture américaine, centrée sur l'action et la responsabilité plus que n'importe quelle autre, n'aime pas les lois restant lettre morte et les dispositions symboliques. Pour elle, le droit doit toujours être référé à une entreprise, ce qui implique de prendre ses responsabilités et d'honorer ses dettes. D'autant que l'Amérique, du fait de son histoire et de la vastitude de son territoire, pense au niveau mondial, avant et mieux que les autres pays. Elle ose hisser son droit au niveau global comme elle l'a montré lors du procès de Nuremberg. Les dimensions du monde ne lui font pas peur.

L'objectif, avoué, des autorités chargées de faire appliquer la loi (ou, encore une fois, un règlement qu'elles auront elles-mêmes édicté) est l'efficacité plus que la justice. Il est certain que cette méthode permet de clore beaucoup plus de dossiers chaque année (et donc de faire rentrer beaucoup plus d'argent dans les caisses de l'État) que si ces autorités devaient conduire elles-mêmes l'instruction de ces dossiers et faire la démonstration de la faute alléguée, de son étendue dans le temps et dans l'espace ou de sa gravité, et justifier enfin les montants d'amende imposés. Et si le nombre d'infractions identifiées, reconnues et sanctionnées est plus important, c'est que le droit est mieux appliqué, que justice est faite et que, par conséquent, "we live in a better world", comme aiment à dire les Américains (notamment chaque fois qu'un terroriste ou un dictateur est abattu).

DES TENTATIVES DE RÉINTRODUCTION DU JUGE

Recours en justice improbable, résistance aux autorités impossible : comment sortir de ce dilemme apparemment sans issue ? Chaque pays réagit différemment en fonction de son rang économique, de son expérience et de sa culture juridique : si un bras de fer est engagé aujourd'hui entre certains juges fédéraux américains et la SEC, une récente loi anglaise a décidé d'associer le juge dès le début des négociations en vue d'un *Non-Prosecution Agreement* en matière de délinquance financière, tandis que les autorités françaises semblent encore indécises. Malheureusement.

Le juge fédéral américain tente de forcer la porte

Traditionnellement, le juge américain n'a qu'un rôle limité dans le contrôle des transactions qui mettent fin avant le procès à 98 % des actions civiles fédérales : la décision des parties de transiger est contractuelle et souveraine. Pour la jurisprudence américaine, les transactions sont présumées servir l'intérêt général. La Cour suprême des États-Unis a d'ailleurs rendu une décision indiquant que « le compromis est au cœur du processus de transaction[1] ». Le juge n'a donc pas, en principe, le pouvoir de contrôler ces transactions, mais les parties à cet accord peuvent néanmoins solliciter son homologation. Celle-ci prend alors la forme d'un *consent judgment* ou d'un

1. *United States v. Armour & Co.*, 402 U.S. 673, 681, 91 S.Ct 1752, 1757 (1971) : "compromise is the essence of settlement".

judicial decree, qui confèrent à ces transactions l'autorité attachée à toute décision de justice et qui exposent donc quiconque les violerait à des poursuites pour *contempt of court*, c'est-à-dire pour outrage à la justice[1].

Cette voie présente plusieurs avantages en déplaçant l'enjeu : le fondement de la sanction n'est plus en effet la faute initiale, mais le manquement à l'engagement pris devant un juge. Il suffit donc aux autorités de régulation de prouver que l'entreprise fautive n'a pas tenu ses engagements alors que l'inobservation d'une simple transaction oblige la partie lésée à engager une nouvelle action civile pour manquement aux obligations contractuelles[2]. Il est en effet beaucoup plus facile de viser le non-respect d'un accord que de prouver une fraude ou un délit d'initié. Le droit pénal vient moins sanctionner l'infraction à une loi commune, qu'une incohérence individuelle. Rien n'obligeait après tout l'individu ou l'entreprise à prendre de tels engagements et s'ils ne les respectent pas, ils se condamnent eux-mêmes (ce qui rapproche ces jugements d'un serment moderne où l'engagement devant un juge équivaut à un mécanisme d'automalédiction conditionnelle).

En matière de délit d'initié, la SEC demande souvent que l'obligation faite au défendeur de respecter à l'avenir les règles du droit boursier soit consignée dans un jugement, sans toutefois reconnaître au juge la possibilité de contrôler l'accord. C'est sur ce dernier point qu'une controverse est née suite à deux décisions rendues par un même juge fédéral, Jed Rakoff,

1. C'est-à-dire une procédure pour non-respect d'une décision judiciaire (il suffit de prouver l'inobservation des engagements sans reprendre toute l'affaire initiale).

2. *SEC v. Randolph*, 736 F.2d 525, 528 (9th Cir. 1984).

dans lesquelles il a refusé d'être cantonné dans un rôle d'enregistreur (*rubber stamp judge*) et a revendiqué d'exercer un contrôle sur ces accords en se fondant sur trois arguments : le refus de toute instrumentalisation de la justice, une exigence de vérité et la mission de protection de l'intérêt général dévolue à la justice[1].

Le juge fonde d'abord son pouvoir de supervision de l'accord par les servitudes du recours à l'autorité publique. Lorsqu'une autorité administrative indépendante demande à la justice de s'associer à l'application d'une de ses décisions en les garantissant par la *contempt of court*, qui est « l'une des armes les plus formidables que le juge ait dans son arsenal », elle doit accepter en contrepartie le contrôle du juge. C'est en effet le prix à payer pour jouir d'une sanction publique, sauf à considérer le juge comme « la bonne » (*handmaiden*) d'un accord qui profite plus aux parties qu'à l'intérêt public.

Le juge estime qu'il a la charge d'examiner si la transaction était « juste, raisonnable et adéquate », et pour cela il lui faut avoir accès aux faits qui ont motivé la sanction. Il lui est en effet difficile de donner son accord à une transaction dont il ne connaît pas les tenants et les aboutissants, qui porte sur des sommes considérables et qui, de surcroît, avalise certains faits mais sans un aveu de reconnaissance explicite de culpabilité. La procédure américaine permet en effet à une entreprise ou à un individu de transiger sans toutefois admettre sa culpabilité, de sorte que cette reconnaissance de la réalité des faits sans aveu ne puisse servir de fondement à une autre action en justice. Dans les deux affaires soumises au juge Rakoff, les banques avaient consenti à une transaction, mais elles « ne

1. 11 Civ. (JSR) 2011 WL 5903733 (SDNY, Nov. 28 2011).

contestaient, ni ne reconnaissaient la fraude », conformément à l'usage du "neither admit, nor deny", « consacré par l'histoire mais pas par la raison », commente le juge. Comment dans ces conditions, a-t-il objecté, demander à l'entreprise de s'engager à ne pas recommencer une faute qu'elle n'a pas reconnue ? Le *consent judgement*, qui sert, comme on l'a vu, à faciliter les poursuites ultérieures en cas de récidive, devenait sans objet. Victor Marrero, un autre juge fédéral émule de Jed Rakoff, estime lui aussi qu'il y a quelque chose d'incongru et de surprenant de transiger à 600 millions de dollars pour quelqu'un qui n'a vraiment rien fait[1] !

Que signifie, en effet, pour le citoyen le fait de savoir que telle banque ou telle entreprise a accepté de verser une somme, même considérable, pour mettre fin aux poursuites dont elle était menacée ? Croit-on vraiment qu'il va se féliciter de la diligence des autorités administratives et avoir le sentiment qu'il vit dans un monde meilleur ? Ne risque-t-il pas de supposer, au contraire, que si l'entreprise en question a accepté de verser une telle somme, c'est qu'elle y gagne encore ? Ne va-t-il pas penser qu'elle s'en tire finalement à bon compte et que tous ces arrangements se font sur le dos du peuple ?

C'est un peu ce qu'exprime le juge Rakoff lorsqu'il se demande si cette somme n'est pas de l'ordre de l'argent de poche pour une banque de la taille de Citigroup (partie à l'une des transactions soumises à ce juge). Ce faisant, il pointe une difficulté de fond : ces sanctions n'ont pas le même sens pour des entreprises que pour des particuliers[2]. L'une des grandes

1. "Rakoff's Revenge", *The Economist*, 13 avril 2013.

2. John Kay, "Prosecutors must uphold the law, not cut deals with the accused", *Financial Times*, 22 mai 2013.

difficultés que pose cette criminalité financière, c'est qu'elle se trouve *de facto* hors d'atteinte de la justice pénale. Les entreprises sont trop grosses pour être poursuivies (*too big to prosecute*).

Le juge prend donc ses distances avec la SEC et remet en cause le dogme consacré par la jurisprudence, selon lequel une agence fédérale est censée être la mieux placée pour estimer si une transaction sert l'intérêt général[1]. Les parties ne recherchent donc pas la manifestation de la vérité (puisque aucun jugement établissant la réalité des faits n'intervient), mais plutôt un compromis. Ce dernier, poursuit notre juge, est sans conteste dans l'intérêt des parties : d'une part, la SEC démontre son utilité par ses résultats et, de l'autre, Citigroup accepte les faits, mais sans les reconnaître, donc sans risques pour elle.

> Si les allégations contenues dans l'assignation sont exactes, c'est un très bon *deal*, et même si elles sont fausses, c'est une manière de faire des affaires à faible coût [*it is a mild and modest cost of doing business*][2].

La transaction peut se justifier au regard de sa seule efficience économique, comme manière de surmonter un blo-

1. *Randolph*, 736 F.2d at 529-30.

2. *SEC V Bank of America*, 14 septembre 2009. Remarquons la mention explicite à l'importance de la relation qui finit par primer sur le souci de la vérité. C'est d'ailleurs une difficulté propre à toute transaction financière mettant fin à un litige ; l'équivalent universel qu'est l'argent sert à éteindre un crime ou à réparer une faute civile, mais au prix d'une certaine ambiguïté : qu'est-ce qui est acheté ? Je me permets de renvoyer sur ce point à Antoine Garapon, *Peut-on réparer l'histoire ? Colonisation, esclavage, Shoah*, Paris, Odile Jacob, 2009, p. 99.

cage. Elle restaure la circulation des biens et des valeurs, abstraction faite de toute considération de justice ; elle se résume à une pure fonctionnalité, c'est pourquoi elle se borne à acquiescer à des faits sans faire allégeance à un quelconque récit de justice. Alors que dans le modèle classique, la justice doit rester une référence commune qui rapatrie tous les secteurs de la vie collective sous des valeurs partagées – le procès se posant comme le lieu où l'on peut obtenir la vérité[1] aussi bien factuelle que morale d'un fait (ce que montre la justice transitionnelle) –, la tendance tend à s'inverser au point que l'économie colonise petit à petit les institutions, y compris la justice. C'est cet écart que signale le juge Rakoff : ce n'est pas parce que cet accord est rationnel d'un point de vue économique pour chacune des parties qu'il est nécessairement conforme à l'intérêt général.

La transaction entre la SEC et Bank of America, analyse-t-il, donne l'illusion d'avoir mené une enquête sur les violations du droit boursier, mais permet en réalité aux responsables de la banque de se prévaloir de la résolution rapide d'une enquête embarrassante aux dépens des victimes de la fraude. En examinant la transaction du point de vue des *shareholders* mais aussi des *stakeholders*, le juge Rakoff conclut que l'un des accords aboutissait à pénaliser deux fois les actionnaires : la première, par un défaut d'information complète en leur direction, la seconde parce qu'ils paient pour cette faute... dont ils avaient été victimes ! Sans compter que de telles transactions bafouaient indirectement aussi

1. Aristote remarquait déjà que trouver et dire la vérité des faits était un des rôles – voire le principal rôle – du procès (Robert P. Burns, *The Death of the American Trial*, Chicago, University of Chicago Press, 2009, p. 10).

les intérêts du contribuable américain[1]. D'ailleurs, se demande le juge Sydney Stein dans une autre affaire, est-il normal que les actionnaires ne soient pas associés à ces négociations ? Car, après tout, ne sont-ils pas concernés au premier chef ?

Il ne serait pas cohérent de prétendre sanctionner les délits d'initié, la corruption ou le défaut d'information, qui ont en commun de violer la transparence nécessaire au fonctionnement du marché, d'une manière qui ne soit pas elle-même totalement transparente. Cela reviendrait à sanctionner l'opacité par une autre opacité dont la justice et le public en général seraient victimes : voilà l'argument sur lequel se justifie le regard extérieur (mais informé) du juge. C'est au nom de ce principe que le juge exerce un contrôle sur l'opportunité de la mesure, en se demandant, par exemple, pourquoi une telle sévérité pour la banque Goldman Sachs et pourquoi une telle clémence envers Citigroup. Il constate également que cette dernière est récidiviste. Un appel a été formé contre cette décision qui a été effectivement cassée[2]. Il n'empêche que ces décisions ont entamé un mouvement de jurisprudence qui a été suivi par quelques juges à travers le pays. Elles démontrent que le juge américain dispose dans certains cas des moyens nécessaires, s'il le désire, pour exercer un contrôle actif des transactions.

La vérité est le cœur de l'argumentation de Jed Rakoff, une vérité à laquelle ont droit les actionnaires et, par-delà,

1. Bank of America a bénéficié d'une aide publique de 40 milliards de dollars (*bail out*).

2. US court of Appeals, 2d Circuit, 15 mars 2012, S.E.C. v. Citigroup Global Markets inc. 673 F.3d 158.

tous les citoyens américains[1]. Cette référence au public est à la fois la force du raisonnement de ce juge, mais aussi peut-être sa limite concernant les entreprises mondiales qui nous intéressent. N'a-t-on pas déjà remarqué, à de multiples reprises, que de telles transactions entre les entreprises étrangères, principalement visées, et les autorités américaines, rapportaient des sommes considérables au Trésor américain ? Elles sont donc, pourrait-on dire de manière cynique, conformes à l'intérêt américain ? L'argumentation du juge Rakoff peut-elle passer les frontières ? Réagirait-il de la même manière s'agissant d'une entreprise non américaine ? Il ne suffirait plus d'invoquer l'intérêt du public américain mais de viser l'intérêt de la justice, ce qui est différent.

Le juge anglais introduit par le Crime and Courts Act *du 25 avril 2013*

C'est pour remédier aux excès de la procédure américaine qu'une récente législation anglaise a décidé d'introduire le juge dans les accords suspendant les poursuites. D'ailleurs, c'est également un juge – Lord Justice Thomas – qui a formulé dans un jugement les critiques qui pouvaient être adressées à l'ancien système et qui ont motivé la réforme[2].

Dans le dispositif définitivement adopté le 25 avril 2013, le directeur du Serious Fraud Office (SFO) et le Director of

1. "Despite the importance of this case, the proposed consent judgment would leave uncertain the truth of the very serious allegations made in the complaint".

2. *R v. Innospec Limited*, Sentencing remarks of lord Justice Thomas, Crown Court at Southwark, 26 mars 2010.

Public Prosecutions (DPP) sont les seuls habilités à proposer des négociations à une entreprise (et non à des personnes physiques) en vue de signer un accord de *Deferred Prosecution Agreement* (*DPA*). Le catalogue d'infractions susceptibles de recevoir ce type de traitement est plus limité qu'aux États-Unis ; en sont notamment exclues les infractions portant préjudice à l'environnement ou à la santé.

La procédure commence par un *self-report*, c'est-à-dire par une dénonciation spontanée de l'entreprise auprès de l'une de ces deux institutions. La démarche est censée être spontanée mais, dans la pratique, elle est souvent inspirée par le souci de prendre de vitesse d'autres institutions de régulation ou de poursuite. La loi requiert que ce document reconnaisse des faits mais n'exige pas qu'il contienne un aveu de culpabilité.

Le dossier doit ensuite être immédiatement transmis à un juge de la Crown Court qui devra examiner si le *DPA* semble conforme aux intérêts de la justice, c'est-à-dire si les termes proposés sont justes, raisonnables et proportionnés (*fair, reasonable and proportionate*). Le quitus du juge permettra aux parties de poursuivre les négociations et de finaliser un accord définitif. Celui-ci devra revenir devant un juge qui l'évaluera selon les mêmes critères mais en audience publique et par une décision motivée. Ce point est crucial car la publicité est précisément ce que les entreprises veulent éviter par la négociation. Plusieurs voix s'interrogent sur cette exigence qui satisfait certes la justice mais risque de retirer tout attrait au dispositif en faisant entrer le juge. Si ce dernier a trop de libertés pour modifier ou refuser l'accord, cela sera non seulement peine perdue pour l'entreprise mais, pire, cela lui donnera des verges pour se faire battre, car il sera possible d'utiliser les informations données contre l'entreprise qui les aura fournies. Il faut avoir des juges spécialisés qui connaissent bien l'entreprise et soient au courant de l'épais dossier des *DPA*.

Il sera toujours possible de revenir devant le juge si l'une des parties estime que l'engagement n'a pas été tenu ; le juge statuera selon le critère de la probabilité (c'est-à-dire selon un standard moins fort que celui d'« au-delà d'un doute raisonnable »), et il pourra demander aux parties de trouver un nouvel accord palliant les défauts ainsi mis en lumière, voire de mettre un terme à l'accord. Le juge devra donc avaliser toutes les modifications des *DPA*.

Le *Crime and Courts Act* décrit essentiellement un mode de traitement de ces affaires sans entrer dans le détail des cas d'ouverture. Pour mieux apprécier les possibilités qu'offre cette loi, il faut attendre, d'une part, un guide de pratiques – un Joint Code for Prosecutors, où l'on remarque un curieux mélange de droit procédural et de droit prétorien – commun aux deux autorités de tutelle, dans lequel sera précisé le type d'affaires visées et la marche à suivre concrètement, et, de l'autre, une grille de peine rédigée par le Sentencing Council[1]. L'amende transigée doit pouvoir être référée à des peines effectivement prononcées, et être, en gros, comparable à celle qu'aurait décidé une juridiction anglaise suite à un plaider-coupable (c'est-à-dire un tiers de l'amende).

Les premières décisions devront rassurer les entreprises qui craignent que les juges ne détruisent ce qui aura été patiemment négocié entre elles et les autorités de régulation.

1. Il s'agit d'un organe permanent chargé de rédiger des grilles indicatives de peines.

Il est difficile d'être à la fois en dehors de la loi et dans la loi : c'est pourtant un peu le défi que lance le législateur anglais. Comme le relève le juge Rakoff, la logique économique de la transaction et la logique judiciaire sont à certains égards incompatibles, et introduire un élément d'incertitude dans la négociation risque d'avoir un effet dissuasif.

Le système anglais semble plus proche d'une logique publique, réintroduisant une distinction claire entre la justice et les entreprises, alors que, de l'aveu même de Lanny Breuer, un ancien directeur assistant de l'attorney général, « la volonté du système américain était d'atteindre le cœur de la culture de l'entreprise pour la transformer[1] ». Dans ce sens-là, le système américain est plus nouveau et, par certains côtés, plus révolutionnaire, car son ambition est bien de transformer la culture des entreprises comme hier on voulait réformer les âmes. Il cherche à effacer le détour par un juge qui garantit les droits de chacun et qui assure précisément le lien avec le tout, c'est-à-dire avec le public et avec le droit. Le système américain veut une prise directe entre des autorités et des entreprises ; ce face-à-face transformatif est sans recours.

Le retard français

Le 29 mai 2013, à l'instar de l'affaire *Innospec*[2], mais avec la France cette fois, les autorités américaines et le procureur

1. Lanny Breueur, Speech to the New York city bar association, 13 décembre 2012. Voir David Hess, Cristie L. Ford, "Corporate Corruption and Reform Undertakings : A New Approach to an Old Problem", *Cornell International Law Journal*, vol. 41 (2), 2008, p. 307-346.

2. Voir *supra*, note 2, p. 136.

de Paris ont annoncé conjointement que l'entreprise Total avait accepté de payer une somme de 398 millions de dollars pour mettre un terme à une enquête engagée en 2003 pour des contrats conclus en Iran à la fin des années 1990, et que le Parquet de Paris avait requis le 16 mai le renvoi du PDG de l'entreprise devant le tribunal correctionnel pour corruption d'agents étrangers et abus de biens sociaux[1]. La coordination semble parfaite mais elle ne fait que révéler la différence d'approche entre les deux cultures juridiques. Lorsque la décision définitive de la justice française sera connue (probablement d'ici quelques années), il suffira de comparer les deux réponses, de chaque côté de l'Atlantique, pour savoir laquelle est la plus prise au sérieux par les entreprises…

Les autorités françaises semblent en réalité dépassées par cette évolution des pratiques du business mondial. Elles les subissent et tentent maladroitement de se protéger par des lois de blocage qui s'avèrent, dans ce domaine tout au moins, inopérantes (puisque les entreprises elles-mêmes consentent à coopérer). Notre pays en reste à un modèle ancien, punitif et rétrospectif, alors que le nouveau modèle, aussi bien américain qu'anglais, répond à une tout autre logique, positive et préventive. Si de l'autre côté de l'Atlantique c'est l'avenir qui compte – et donc le rétablissement d'une concurrence saine et l'exemplarité d'une bonne conduite –, en France c'est toujours la punition d'un comportement passé qui prime comme le démontre la récente loi instituant un « super-procureur » à la suite d'une affaire mettant en cause une personnalité politique. Sans compter que la transaction n'a pas bonne presse

1. *Le Monde* du 31 mai 2013.

dans la culture française, qui est prompte à y voir une manière de privatiser la justice, ou pire, de l'acheter.

L'objectif des autorités américaines n'est pas d'ordre moral, mais consiste à assurer en même temps l'intégrité du marché et de l'entreprise[1]. Elles veulent protéger le marché de tout ce qui pourrait le fausser et donc le menacer à terme en altérant son efficience. Le but n'est plus la réparation morale de la souveraineté ou la rééducation des personnes, mais un perfectionnement des performances du marché, et donc un renforcement de la confiance dans ses mécanismes. Le marché, en tant que formidable système de coordination, se pose comme le véritable moteur de l'intégration des hommes dans un monde sans frontières.

Les autorités françaises n'ont encore défini aucune stratégie par rapport à ces défis mondialisés. À la différence des autorités anglaises et américaines, elles n'arrivent pas à faire le mélange entre leurs intérêts nationaux bien compris et une participation à la lutte contre les nouveaux crimes mondialisés. Elles se cantonnent dans une perspective très nationale : protéger les intérêts des entreprises françaises *in the interests of the State*...

La France a tout à redouter d'une sorte de darwinisme législatif et aussi judiciaire où ne subsisteront que les lois ou les institutions crédibles, celles qui ont fait leurs preuves. C'est un défi tout à fait nouveau. Elle n'a pas saisi que l'enjeu

1. "A deferred prosecution or non-prosecution agreement can help restore the integrity of a company's operations and preserve the Financial viability of a corporation that has engaged in criminal conduct, while preserving the government's ability to prosecute a recalcitrant corporation that materially breaches the agreement" (U.S.A.M. 9-28.1000).

contemporain est moins de défendre sa souveraineté que de participer à la constitution d'un droit mondial. Elles ne peuvent plus se réfugier derrière une légitimité strictement formelle, car c'est sur leur effectivité et leur efficacité que sont aujourd'hui jugés les dispositifs juridiques, comme le montre l'arrêt *Aérospatiale* de la Cour suprême des États-Unis [1]. Dans ce nouveau système qu'avait anticipé Michel Foucault, on est passé d'une forme de système de légitimité juridique formelle à un autre régime de réussite/échec. Or force est de constater que les dispositifs français sont très formels et ne s'appliquent que rarement, comme l'a relevé le dernier rapport de l'OCDE. Ce retard est improductif car il expose les entreprises françaises à de telles pratiques sans offrir aucune alternative crédible susceptible de les contrer.

*

Le marché est désormais global et la régulation juridique doit s'adapter à cette réalité qui bouleverse les droits nationaux, et au-delà le droit lui-même. Les États-Unis ont réussi à se hisser au niveau global, à inventer un système qui fonctionne et qui est efficace mais qui n'est pas exempt de certaines critiques. Peut-être la législation anglaise marque-t-elle une étape : non seulement parce qu'elle introduit le juge, mais aussi en ce qu'elle fait perdre au modèle américain son hégémonie. Désormais, les Américains ne sont plus les seuls à pratiquer ce type de règlement et ils doivent penser les termes

1. *Société Nationale Industrielle Aérospatiale v. District Court*, 482 U.S. 522 (1987). Cet arrêt estime que la loi française de blocage n'a pas la qualité de loi puisqu'elle n'a jamais été appliquée.

d'une coopération entre autorités de régulation et juges, en vue d'une lutte plus efficace contre la corruption et contre des périls économiques majeurs. Une telle coopération conduit également à établir une distinction entre les infractions universelles que sanctionnent ces transactions – qui peuvent être partagées par tous (lutte contre la corruption, par exemple) – et les infractions qui protègent spécifiquement les intérêts américains, dont l'exemple le plus typique est l'OFAC.

CHAPITRE 6

Le marché de la vertu[1]

Daniel Soulez-Larivière

Le 8 octobre 2012, à Londres, autour de Chuck Duross, directeur au Department of Justice américain (DOJ), une soixantaine d'avocats anglais et américains, deux avocats français et un juriste représentant d'une entreprise française, sont réunis pour un colloque sur les mérites de la *compliance* en matière d'anticorruption et l'utilité de créer un *Deferred Prosecution Agreement* (*DPA*) en Grande-Bretagne. Difficile de distinguer les procureurs des avocats tant les costumes et le discours, comme le but, sont les mêmes. Comment, pour réprimer la corruption, organiser la *compliance*, au sens anglais du terme, c'est-à-dire des procédures internes de prévention des pratiques illicites ? Comment, pour l'avocat de l'entreprise, organiser le meilleur système de *compliance* et le faire fonctionner[2] ? Comment se présenter devant le procu-

1. Titre emprunté à l'ouvrage de David Vogel paru chez Economica en 2006.

2. On notera qu'en français le terme est utilisé pour signifier l'observance des prescriptions du médecin par le patient. On l'utilise également en médecine, pour désigner l'aptitude d'une cavité organique (par exemple, les poumons) à changer de volume sous l'influence d'une variation de pression. Et, en robotique, pour la capacité d'un manipulateur à avoir un comportement souple, à s'adapter à son environnement.

reur pour confesser des faits dévoilés par l'avocat lui-même ? Enfin, pourquoi créer une nouvelle infraction, celle de l'absence d'une telle procédure dans l'entreprise – ce qui permet de disposer de deux infractions : l'une étant l'existence d'une corruption et l'autre l'absence d'un système pour l'empêcher ? Dans une dévotion consensuelle, le langage très codé tourne en boucle : la vertu est à l'ordre du jour avec ce qui l'accompagne nécessairement, le « business » qui encourage ce climat. Depuis la naissance et la mise en œuvre du *Foreign Corrupt Practices Act* (*FCPA*) par les États-Unis en 1977 et le développement du *DPA* depuis dix ans, le formidable marché qu'est la vertu s'est ouvert aux avocats de toutes nationalités. En matière de lutte contre la corruption, utiliser les dispositions légales américaines et celles de l'OCDE en Europe permet aux *lawyers* d'entrer davantage encore dans les entreprises. Un seul dollar dépensé aux États-Unis par une entreprise étrangère donne en effet compétence à la SEC et au DOJ pour lui proposer le choix entre un procès ruineux – et de toute façon perdant même s'il est gagné, du fait des dégâts qu'il provoque – et un arrangement immédiat moyennant finances.

Qu'elle ait ou non commis le péché de corruption, comment l'entreprise peut-elle éviter de tomber dans ce piège ? Comment négocier proprement la juste indemnité qui évitera le procès ? Comment mettre en place des *process* qui protègent du risque de commettre des fautes ? Voilà de nouvelles questions et un tout nouveau marché que la culture juridique et les avocats ignorent en France, mais déjà bien investi par leurs collègues anglo-saxons.

Quelques mois plus tard, le 21 mars 2013, un colloque organisé par l'American Bar Association et le Conseil national des barreaux français se tient à Paris sur l'*International Corporate Liability in conflict zones* – la responsabilité des entreprises dans les zones de conflit. En fait, c'est un colloque sur la responsabilité sociale des entreprises (RSE) et les droits de l'homme, car sous l'impulsion du Pr John Ruggie[1], l'ONU encourage désormais les entreprises et leurs avocats à envisager toutes leurs actions dans le cadre de dispositifs de *soft law* attribuant à chacun une responsabilité en cas de violation des droits de l'homme (on y reviendra). L'un des sujets abordés est la "professional liability of corporate lawyers who operate in conflict zones" (responsabilité des avocats qui interviennent dans les zones de conflit), avec en arrière-plan le problème de la compétence juridictionnelle et universelle permettant à n'importe quel pays de juger des atteintes aux droits de l'homme, y compris survenues ailleurs que dans le pays qui les juge. Dans sa remarquable conclusion du colloque, Mireille Delmas-Marty[2] décrit bien cette sorte d'échelle d'or montant vers le ciel vertueux d'où les droits de l'homme seront contemplés tout en étant respectés, transformant progressivement chaque marche de *soft law* en *hard law*. C'est-à-dire du droit positif.

Comme dans le cas de la *compliance* à Londres, la vertu est le pain de la journée. Comment impliquer toutes les entreprises et leurs avocats afin que les défaillances soient dénoncées et les bonnes procédures adoptées ? Faire entrer la norme dans la tête des gens par une sorte de greffe de puce électronique permettant à chacun d'être juste, et même économe, en

1. Professeur de sciences politiques et relations internationales à la Harvard Kennedy School of Government, à l'ENA et la Harvard Law School.

2. Professeur au Collège de France.

prévenant les coups et les coûts que provoque la violation des droits de l'homme ? La dévotion est, là aussi, perceptible.

LE DROIT SANS L'ÉTAT OU L'ÉTAT UNIVERSEL

Nous en sommes aujourd'hui à l'ère du *droit sans l'État*, pour reprendre le titre prémonitoire du livre remarquable de Laurent Cohen-Tanugi[1], avocat très impliqué aujourd'hui dans la pratique des *DPA*. Disons par un raccourci audacieux qu'en 1905, dans *L'État et la Révolution*, Lénine, remoulinant les principes de Marx et Engels et plus avant ceux de Hegel, envisageait l'avènement d'une société sans classe, donc sans État, où l'intégration de la norme en chaque homme libre serait accomplie avec le « dépérissement de l'État ». Nous en sommes très loin.

Envisageons le sujet par un autre bout. Il n'existe aujourd'hui que des substituts imparfaits d'État mondial ou de gouvernance mondiale. Mais, depuis le traité de Rome de 1998, une Cour pénale internationale atteste d'une mondialisation juridique. Dans l'histoire, même au niveau régional, l'organisation étatique ou para-étatique a précédé l'organisation judiciaire ; en témoignent les cours de justice européennes. Aujourd'hui, l'existence de la CPI précède l'organisation étatique. Même à l'état d'embryon. La toute-puissance de la SEC et du DOJ des États-Unis donne par ailleurs à la lutte contre la corruption un caractère quasi supranational parce qu'un seul État passe devant tous les autres, avec des critères

1. Laurent Cohen-Tanugi, *Le Droit sans L'État*, Paris, Puf, 1985.

de rattachement à la compétence américaine très ténus mais complètement captateurs. En revanche, malgré les efforts du Conseil de l'Europe, sa convention anticorruption se heurte à la souveraineté de quarante-sept États différents.

Les deux mouvements, celui de l'anticorruption et celui de la défense des droits de l'homme, constituent une sorte de business commun pour les juristes, de discipline commune aux entreprises, avec à la clé, la dévotion de ces nouveaux citoyens du monde soumis de l'intérieur à la norme. C'est le mérite de l'amour du droit réel et virtuel et de la peur d'être montré du doigt dans une société mondiale encore terriblement barbare, mais où la grosse sanction financière, la *blame culture* et la *shame culture* sont des régulateurs puissants.

Il est difficile de trouver dans l'histoire des périodes comparables. Deux exemples, l'un microscopique et l'autre macroscopique, permettent cependant d'illustrer l'originalité de ce qui est en train de se produire. Des assemblées de dévots, on a pu en connaître dans les années 1970, années du développement de la psychanalyse en France. Les réunions de l'École freudienne de Paris, sous l'égide de Jacques Lacan, rassemblaient des foules de disciples aux pieds du maître, dont le discours avait vocation universelle puisqu'il s'agissait de décrypter l'inconscient et d'encourager tous les aspirants Champollion au déchiffrage de ces nouveaux hiéroglyphes. Cette recherche de la vérité, toujours fuyante et pleine de mystère, rassemblait. L'éthique était au cœur de cette dévotion, mais l'intérêt également, car, avec ces travaux passionnants et ingrats, il s'agissait aussi d'ouvrir de nouveaux domaines de spécialité, de faire reconnaître une profession. Là aussi, on repère des ressemblances : même codage du discours, même faiblesse de la critique interne, même fertilité, même ferveur aussi. Mais la comparaison s'arrête là. La psychanalyse visait d'abord à déréguler le comportement humain et les réflexes conditionnés pour apercevoir et faire apercevoir une vérité souvent subversive. L'ordre moral et juridique de la *compliance* vise au contraire à réguler et à greffer une conscience de vertu dans la tête de ceux qui composent les entreprises. C'est une demande adaptatrice. Alors que l'on pourrait dire que les églises psychanalytiques sont l'inverse.

On pourrait évidemment soutenir que toutes les églises rassemblent pour tracer des sillons comparables vers le Royaume des cieux, ou ici la paix universelle grâce à la *compliance*. Serait-ce le moyen de fréquenter l'Être suprême ou son ange préféré, celui des droits de l'homme ? À condition de nommer Lucifer qui serait non seulement la barbarie, la corruption, l'imposture et le mépris du droit, particulièrement du droit américain, ainsi que la jouissance du mal qui peut diaboliquement investir et subvertir le désir de vertu. Les églises suscitent l'intérêt des dévots, mais si les dévots renforcent la structure religieuse, les religions ne traitent pas de l'intérêt, sauf celui de l'Église et à titre accessoire de ses membres. L'analogie est utile mais insuffisante. On voit bien les similitudes. Pour autant, celles-ci apparaissent sans doute davantage dans une période historique, celle de la colonisation européenne – et là est l'exemple macroscopique. Le crime de lèse-majesté à l'égard du politiquement correct serait accompli si l'on rappelait que l'évangélisation est autant animée par l'intérêt politique et économique au bénéfice des États et des agents et entreprises colonisatrices que par le désir de répandre la vertu. Peut-être est-ce dans ce couplage de l'évangélisme et de l'intérêt que l'on peut retrouver des traits communs avec l'épisode du jour qu'est la *compliance* ?

LA DISSUASION PAR LA CHAMBRE DES TORTURES

Mais des distinctions s'imposent. Pour prendre un exemple concret : s'agissant du *FCPA* et de la convention OCDE sur la corruption, voilà une société européenne attrapée par le DOJ pour avoir fait des paiements devenus illicites en Europe et dès 2000 en France. L'appareil juridique américain fait alors visiter la chambre des tortures de son procès pénal : toutes les beautés du système, droit de garder le silence (avec le cinquième Amendement) et interdiction de *self-incrimination* sont habilement contournables par quelques ficelles, dont les moindres ne sont pas le couplage et le découplage de l'action civile de la SEC et de l'action pénale du DOJ qui peut suivre. Ou encore l'octroi d'une immunité qui en contrepartie oblige tout salarié, quel que soit son échelon dans la hiérarchie, à tout dire aux juridictions, avec le risque d'être parjure s'il n'a pas tout raconté et, donc, la perspective de la prison. Pourquoi risquer de perdre un procès et d'être détruit ou ruiné ? Pourquoi aussi ne pas tenter de le gagner, au prix de dégâts dits provisoires mais en réalité irréversibles du fait des contraintes exercées sur l'entreprise ? Cela sans compter les dizaines de millions de dollars nécessaires pour se défendre. Dans l'affaire Enron, Arthur Andersen, l'un des plus grands cabinets d'audit comptable, a disparu avant même que la Cour suprême ait annulé le procès fait à l'un de ses petits managers. À la place de cette « guerre de trente ans » judiciaire, avec toutes ses incertitudes, voilà le DOJ qui propose un arrangement à un milliard de dollars, par exemple. Sitôt dit, sitôt fait. L'entreprise va choisir ce milliard, avec trois ans de présence en son sein d'un *monitor* pour veiller à ce qu'elle intègre bien la norme et s'assurer qu'elle « ne recommencera plus ». Il ne s'agit pas de colonialisme conscient mais d'un instrument de régulation efficace : on est devant un double rouleau compresseur – celui du discours et celui des outils. La force l'impose. Sans que cela pose de problème politique avoué ou de problème éthique caché puisque tout le système est destiné à faire respecter la vertu. Qui oserait s'y opposer ?

Il en va de même dans une moindre mesure pour les quarante-sept pays du Conseil de l'Europe, qui, en 1997, avec vingt ans de retard sur les États-Unis, ont conclu une convention pour lutter contre la corruption des agents publics étrangers. Ils adopteront peut-être un *DPA* prochainement. L'Allemagne probablement aussi, mais l'on n'en est pas encore là. La Grande-Bretagne l'a fait le 29 avril 2013, avec application en 2014. En Europe continentale, il faut encore en passer par la législation nationale. Et la France, dans le rapport de phase 3 de l'OCDE sur sa mise en œuvre de la convention d'octobre 2002, reçoit une volée de bois vert au point que l'on pourrait croire certains passages rédigés par nos gauchistes des années 1970. « Seules 33 procédures ont été initiées et 5 condamnations dont une seule non définitive, concernant une personne morale, prononcées depuis que la France a adhéré[1]. » Les inquisiteurs français sont des feignants ou,

1. *Rapport OCDE phase 3*, p. 10, et notamment 24, 26, 38, 39, 40, 64, 74 et suivantes.

pire, des complaisants, tenus en laisse par un pouvoir politique qui ne voudrait pas faire suffisamment fonctionner la guillotine. Sans compter un Parquet dépendant et un système judiciaire inquisitoire déplorables dont le rapport préconise de revoir l'organisation afin d'améliorer la répression. Ainsi, les normes efficaces et convaincantes, importées des États-Unis, favoriseraient l'avènement de la vertu, et leur progression sensible devrait à ce titre être applaudie. Couplée avec la défense des droits de l'homme, leur application représente une nouveauté politique considérable. À leur examen approfondi apparaît ce qu'elles impliquent si l'on veut bien considérer que toute entreprise humaine de promotion et de défense du « bien », y compris économique, a une double face.

LES CONTRADICTIONS DE LA SOUVERAINETÉ

Fervents promoteurs de la vertu dans le domaine économique et dans celui des droits de l'homme, les États-Unis sont pris dans les contradictions de la souveraineté, apparues dès le traité de Versailles avec les quatorze points de Wilson et la création de la Société des Nations. Promu par le président visionnaire Woodrow Wilson, fils de pasteur presbytérien et mondialiste avant terme, ce projet fut rejeté en bloc par le Sénat. Les États-Unis n'adhérèrent jamais à la Société des Nations qui en mourut.

L'ONU, aujourd'hui, survit grâce au soutien politique et financier des États-Unis qui en ont une certaine maîtrise, ce qui leur permet de bouder de manière menaçante lorsqu'elle diminue ou est menacée (on l'a vu sous George W. Bush).

Mais le risque de voir la souveraineté américaine limitée par cette institution est pour l'instant inexistant.

En revanche, quatre-vingts ans après le torpillage du traité de Versailles, nos amis américains ont récidivé avec leur persistance à refuser la Cour pénale internationale. Là encore, en signant le traité de Rome de 1998 sans le ratifier pour autant. Leur hostilité a été telle qu'elle les a amenés à signer des contre-traités avec tous les États volontaires, en contrepartie d'avantages économiques et politiques afin qu'ils renvoient tout citoyen américain aux États-Unis au lieu de le livrer à la CPI. N'oublions pas Guantanamo, une première dans l'ère moderne consistant à utiliser un espace dominé dans un pays étranger au motif que les règles internationales ne s'y appliqueraient pas. Mieux encore, pour empêcher que les propres règles américaines ne donnent des droits aux prisonniers. On voit que la créativité des juristes n'a pas de limites, surtout lorsqu'ils s'appuient sur la force brute pour construire un État de non-droit. C'était peut-être une solution, mais un peu à côté du messianisme affiché.

Justement, que faire des responsabilités mondiales de ce grand pays à l'égard d'un ordre vertueux fondé sur un messianisme traditionnel couplé avec un isolationnisme tout autant traditionnel ?

Il fallait accepter un contournement fertile. Plutôt que de supporter un conflit de juridictions, au sens anglo-saxon, de compétence juridictionnelle, au sens français, les États-Unis ont soutenu et promu des procédures s'appuyant sur une *soft law* constituée par l'affirmation de principes destinés à être intégrés dans les entreprises par la *compliance* que nous avions déjà vue apparaître dans la lutte contre la corruption. Cette *soft law* est fondée sur des principes de John Ruggie.

Conseiller à l'ONU de 1991 à 2001, cet éminent professeur américain s'est vu confier par elle une mission de « représentant spécial pour les questions des droits de l'homme et des sociétés transnationales et autres entreprises », avec pour objectif l'identification et la clarification des normes relatives à la responsabilité sociale (RSE) et à la transparence des entreprises au regard des droits de l'homme.

Les principes mis en place par Ruggie dans ses deux rapports[1] s'organisent autour de trois piliers : le devoir des États de protéger les droits de l'homme, la responsabilité des entreprises de respecter ces droits et la mise en place de voies de recours effectives pour les victimes. Sur ce dernier chapitre, Ruggie promeut la mise en place par l'État de mécanismes de réclamations judiciaires et extrajudiciaires, devoir incombant aussi aux entreprises elles-mêmes. Le deuxième pilier implique directement les entreprises dans le respect des droits de l'homme, en leur donnant des principes directeurs définissant les

> droits de l'homme internationalement reconnus, à savoir au minimum ceux figurant dans la Charte internationale des droits de l'homme et les principes concernant les droits fondamentaux énoncés dans la déclaration relative aux principes et droits fon-

1. Son premier rapport de 2008, intitulé *Protéger, respecter et réparer : un cadre pour les entreprises et les droits de l'homme*, unanimement approuvé par le Conseil des Droits de l'homme de l'ONU, a amené à le mandater pour rédiger un deuxième rapport en 2011, *Principes directeurs relatifs aux entreprises et aux droits de l'homme : mise en œuvre du cadre de référence « protéger, respecter et réparer » des Nations unies* qui, tirant ses conclusions du premier rapport, propose entre autres une analyse des modes opératoires pour prendre effectivement en compte les droits de l'homme par les entreprises.

damentaux au travail de l'Organisation internationale du travail[1].

Ces propositions ayant rencontré l'unanimité à l'ONU furent approuvées par l'OCDE, d'importantes ONG, des grandes entreprises, l'American Bar Association aussi, et enfin, et surtout, par le Département d'État américain. Dès le 16 juin 2011, le représentant du secrétaire d'État américain pour la démocratie, les droits de l'homme et le travail au Département d'État, déclarait :

> il est important pour les États de gouverner justement et effectivement, de façon que les individus soient protégés non seulement des faits commis par les États mais aussi par les acteurs non étatiques incluant les entreprises.

Puis, dans un communiqué du 1er mai 2013, le Département d'État soutient simultanément les deux systèmes anticorruption et antiviolation des droits de l'homme par les entreprises. Nous sommes donc passés par un glissement de la simple responsabilité des États et de leurs représentants – que visent principalement les textes internationaux dans la tradition – aux entreprises non seulement corruptrices éventuelles, mais aussi auteurs possibles de violation des droits de l'homme.

1. Principes n° 12 du rapport de 2011 sur *les principes directeurs relatifs aux entreprises et aux droits de l'homme : mise en œuvre du cadre de référence « protéger, respecter et réparer »* des *Nations unies*, document A/HRC/17/31, p. 16.

LA SYNTHÈSE DE LA *COMPLIANCE*

Pour justifier d'une absence de complicité lors d'infractions, les entreprises doivent désormais formuler une déclaration de principe ou « d'engagement sur le respect des droits de l'homme », se doter d'une procédure de « diligence raisonnable » en la matière, adaptée à leur taille et leurs risques afin d'évaluer en permanence l'impact négatif de leur activité et d'agir en conséquence. Cela suppose de déterminer qui, dans l'entreprise, endosse la responsabilité d'y remédier, et d'introduire cet objectif dans les processus décisionnels internes, les processus de contrôle et d'allocations budgétaires. Et de pouvoir rendre compte publiquement de la manière dont elle gère les risques d'accidents graves.

Par ailleurs, quel que soit le contexte « judiciaire » dans les zones de conflit, la violation caractérisée des droits de l'homme (génocides, crimes de guerre, crimes contre l'humanité, tortures, disparitions, esclavage) doit être considérée comme un enjeu de *legal compliance*. Et cela indépendamment des incertitudes quant au risque de culpabilité judiciairement reconnue, étant donné « le champ toujours plus large de la responsabilité juridique qui peut être attribuée [aux entreprises] [1] ».

Laissons de côté l'influence des entreprises les unes sur les autres, jusqu'à celle des cabinets d'avocats sur leurs propres

1. Commentaire du Pr. Ruggie sous le principe directeur n° 23, p. 25 du rapport de 2011 sur *les principes directeurs relatifs aux entreprises et aux droits de l'homme*, document A/HRC/17/31, p. 25.

clients, et toutes les responsabilités individuelles, pour nous concentrer un instant sur la menace que la référence de Ruggie au traité de Rome fait peser sur les entreprises dans les États qui reconnaissent la responsabilité pénale de celles-ci et ont inclus les dispositions du traité dans leur droit positif. Ce traité en fonction duquel

> les administrateurs, les cadres et les employés des entreprises peuvent être tenus pour responsables individuellement pour les actes qui constituent des violations caractérisées des droits de l'homme

revient ainsi dans le tableau par la bande.

Ruggie nous dit deux choses. D'abord qu'il y a un risque de voir les entreprises soumises à la compétence locale de pays ayant intégré les statuts de la Cour pénale internationale se réserver le droit de poursuivre eux-mêmes les infractions contre les droits de l'homme. Et que l'extension des champs de compétence extraterritoriale que tendent à se reconnaître les juridictions évoque la question de la juridiction universelle. C'est-à-dire celle de la capacité des États à se doter en droit interne de la possibilité de poursuivre toute atteinte aux droits de l'homme conventionnellement consacrés, indépendamment de la CPI. C'est ainsi que la Belgique, par sa loi du 16 juin 1993 dite « de compétence universelle », a pu ouvrir une instruction contre Augusto Pinochet le 1er novembre 1998. Et que quelques personnes accusées d'avoir participé au génocide rwandais ont été condamnées par la Cour d'appel de Bruxelles en avril 2001.

Après ce résultat, l'ouverture des vannes judiciaires a laissé passer le flot de plaintes contre Fidel Castro, Saddam Hussein, Laurent Gbagbo, Hissène Habré, Ariel Sharon. Cela a marqué le début de la fin, avec de surcroît la décision de la CIJ, le 14 février 2001, d'annuler un mandat d'arrêt international contre le ministre des Affaires étrangères de la République démocratique du Congo, parce que son immunité n'était pas respectée. Le mouvement s'est poursuivi avec les plaintes de 2001 contre George Bush Senior, Colin Powell pour la guerre en Irak, et Henry Kissinger. La plainte contre le général américain Tommy Franks, à la veille d'une conférence de presse au quartier général de l'OTAN, a été la goutte de trop. Après la menace américaine explicite de déménager le siège bruxellois de l'OTAN si ce pays ne devenait pas plus hospitalier, la loi du 16 juin 1993 a été abrogée le 5 août 2003.

Dès lors, en l'absence de rattachement rendant les juridictions belges compétentes pour en connaître, la plainte n'est recevable *que* si une règle de droit international de source conventionnelle ou coutumière impose la poursuite. Enfin, selon l'article 144-4 du Code judiciaire belge, l'action publique est désormais monopolisée par le procureur général et les constitutions de parties civiles soumises à son accord. Un arrêt de la Cour constitutionnelle en date du 23 mai 2005 a tempéré le pouvoir du Parquet général, décision tempérée à son tour par une nouvelle loi du 22 mai 2006.

Pour résumer la situation, la Cour pénale internationale n'est pas reconnue directement par les États-Unis et les juridictions universelles se trouvent défaites si elles sont contraires à leurs intérêts. L'utilisation de l'*Alien Tort Act,* qui s'appuie sur un vieux texte de 1789 concernant la piraterie maritime pour donner aux États-Unis une sorte de compétence universelle, a déjà produit quelques décisions favorables aux victimes de violation des droits de l'homme. Mais cette juridiction universelle américaine été bloquée par la Cour suprême le 17 avril 2013, par une décision Kiobel c/ Shell, pour des faits survenus au Nigeria en relation avec l'exploitation pétrolière. À l'unanimité, ses neuf juges ont mis un terme à cette utilisation habile du texte de 1789. Le président de la Cour suprême, John Roberts, a écrit :

> Il n'y a aucune indication d'extraterritorialité ici. Les entreprises sont souvent présentes dans de nombreux pays et ce serait aller trop loin que de dire que la seule présence aux États-Unis suffit pour dépasser nos frontières.

Il précise :

> Si le Congrès en avait voulu autrement, une loi plus précise que l'ATA serait nécessaire [...]. Cette présomption sert à se protéger contre les accrochages diplomatiques qui pourraient se solder par une discorde internationale.

Et le juge Breyer, libéral et francophone, d'ajouter : « Aucun pays n'a jamais prétendu représenter les *custos morum*[1] du monde entier. »

Les États-Unis sont ainsi dans un équilibre fragile et, à certains égards, paradoxal : d'une part ils tiennent à protéger leur souveraineté et empêcher que leurs ressortissants, en particulier les militaires engagés partout dans le monde, soient exposés à une compétence pénale internationale ou étrangère ; et sont donc prêts à récuser la juridiction universelle et l'écraser dès qu'elle menace leurs intérêts, comme en Belgique. D'autre part s'installent des procédures et des règles pesant

1. Les gardiens de la morale.

sur tous et particulièrement sur les entreprises (européennes, en l'espèce) afin d'améliorer le plus possible la situation des droits de l'homme dans le monde.

Tout cela complète le tableau, avec la *soft law*, les principes de Ruggie, les procédures de *compliance*, la sanction de la *blame culture* et la menace, virtuelle encore, de sanctions pénales dépendant de chaque État dans lequel des violations peuvent intervenir.

Ces situations ressemblent à ce qui existe dans les affaires de corruption. Avec pour différence que la dernière décision de la Cour suprême fait disparaître la menace de procès aux États-Unis, menace assurée auparavant par cette force de dissuasion « nucléaire ». Il eût pu en être autrement, mais cela aurait impliqué la reconnaissance d'une compétence pénale américaine universelle, menaçant à terme la souveraineté des États-Unis par un effet paradoxal de retour de bâton ou d'effet de miroir.

Mais si les règles de *compliance* prévues par John Ruggie sont appliquées universellement par les entreprises, qui finissent ainsi par être plus exposées que les États eux-mêmes, la solution est trouvée. Il ne manque plus qu'un petit raccord pour que la *compliance* en matière de droits de l'homme ressemble à celle de la lutte contre la corruption dont elle n'est que la reproduction partielle.

En résumé, pour que le système de *compliance* des droits de l'homme ressemble à celui de la corruption, seule la prise de courant fait défaut. Le reste de l'installation électrique attend le branchement. La Cour suprême ne veut pas être cette prise-là. À quand une autre ? Ou la même, par un revirement de jurisprudence ?

L'AVENIR DE LA VERTU ET DE SES APPAREILS

Avec le système américain de lutte contre la corruption, tout est en place. Du câblage du système dans les entreprises au branchement sur la centrale thermique judiciaire qui permet à la fois d'alimenter le Trésor américain en recettes substantielles et en principe de faire subir aux entreprises étrangères le même sort qu'aux américaines, dans les cas de corruption vulgairement financière, en espèces, chèques, virements. Le système laisse de côté les résultats des influences de chaque État sur les autres et leurs conséquences sur le business. Ainsi, dans les rapports de forces, il serait bien naïf de négliger la détention par la Chine de bons du Trésor américain, ou les déplacements de la Cinquième flotte.

Ce « domaine réservé » est à part. Dans les grands marchés d'armement notamment, les valises de billets peuvent se réduire à des pourboires au regard des manœuvres étatiques qui, correctement exercées, privilégient certaines entreprises.

En tout cas, pour en rester aux techniques de lutte contre la corruption, le *Deferred Prosecution Agreement*, accompagné d'un *monitor* et d'un système de *compliance* obligatoire, reposant entièrement sur la dissuasion que représente le procès pénal américain, constitue depuis une dizaine d'années le moyen le plus efficace de répression et de prévention de la corruption.

Certes, le système pénal américain est très sophistiqué et dévoile des moyens de défense ignorés en Europe. Et l'échec d'une poursuite peut mettre fin à une carrière de procureur, qui n'est pas seulement judiciaire mais parfois aussi politique.

Ces dégâts de carrière sont cependant minces par rapport aux enjeux vitaux pour les entreprises de se voir poursuivies aux États-Unis avec des incidences immédiates sur le cours de la Bourse, la perspective de *class actions* qui peuvent suivre, les mesures de contrainte préventives, les *subpoenas* de toute nature partout dans le monde.

En outre, le jumelage des activités de la SEC avec celles du DOJ permet de jouer habilement des poursuites civiles et pénales. La SEC, dont le système de preuves est plus simple et moins contraignant, peut commencer et voir éventuellement le DOJ prendre le relais pour utiliser certaines des preuves civiles au procès pénal (nous sommes là dans des perspectives procédurières prototypes, donc incertaines). Ensuite, la juste distribution des immunités est une stratégie redoutable. Dans tout procès, le témoin disposant d'une immunité légale ou contractuelle à titre personnel est obligé de dire la vérité et, si nécessaire, d'impliquer son entreprise et ceux qui la composent. La menace d'être convaincu de parjure et donc de prison, permet de « faire parler » toutes les personnes concernées, y compris bien entendu le patron (CEO) ; pour sauver leur peau, certaines peuvent être tentées de faire « tomber » toute l'entreprise.

Disons que c'est la dissuasion par le spectre du procès pénal qui amène le *DPA*. Le juge n'y met pas son grain de sel sauf « à l'entrée », au moment de l'enregistrement de l'« information » signifiée à un tribunal. Puis à l'instant de la signature du *DPA* et enfin à la sortie lors de la demande par le DOJ d'un "dismissal with prejudice". C'est-à-dire un abandon des poursuites (si l'entreprise a respecté les accords avec le Parquet).

Il n'est pas certain d'ailleurs que le système puisse fonctionner en Angleterre comme aux États-Unis car ce type d'arrangement, sans intervention véritable du juge sur le fond, y serait, comme en France, inconstitutionnel.

Aux États-Unis, il semble que le juge intervient rarement mais souvent plus dans le sens de la sévérité que de l'indulgence. Ce qui entraverait le développement de ces solutions en détériorant le rapport qualité/prix.

À cela, il faut ajouter la présence dans l'entreprise d'un *monitor*. Une sorte de « commissaire politique » du DOJ qui, même s'il est nommé par les Américains, peut être un national, et qui est en charge d'instruire, de conseiller les bonnes pratiques et éventuellement de dénoncer les mauvaises. Le monitorat dure généralement trois ans. Il est destiné à transformer l'entreprise et à l'aider à éviter de recommencer ses erreurs.

LA PERCEPTION FRANÇAISE

Il est clair que, pour la culture française, tout ce système est incompréhensible et contraire à nos mœurs. D'abord parce que, même après le *Foreign Corrupt Practices Act* (*FCPA*) qui date de 1977, jusqu'à il y a une quinzaine d'années, nous avons toléré les pratiques corruptives. Le ministère des Finances diffusait un numéro de téléphone permettant aux entreprises de déclarer les commissions qu'elles souhaitaient verser à l'étranger afin de pouvoir les déduire fiscalement sans complications. Ce n'est qu'en octobre 2000 que la France a introduit dans son droit interne la convention OCDE de 1997 appliquant les principes essentiels du *FCPA*. Encore faut-il dire qu'à la différence du droit américain, le droit français ne sanctionne pas le trafic d'influence à l'égard d'agents publics étrangers (sauf internationaux), même si le juge français ne s'embarrasse guère de finesse pour condamner parfois à tort pour corruption ce qui ne serait que de l'influence.

Toujours est-il que la répression française de la corruption ne ressemble pas à l'américaine. Sans aller jusqu'à voir un Premier ministre (Tony Blair) demander publiquement au nom de l'intérêt national supérieur à son attorney général de ne pas engager de poursuites pour des marchés d'armement avec le Moyen-Orient, en France, la corruption est perçue comme un péché mortel, surtout lorsqu'elle est surinfectée par des rétrocommissions, car on entre là dans le domaine de l'enrichissement personnel pour lequel des sanctions sont en passe d'être plus redoutables. Mais le système judiciaire français ne génère aucun appel d'air vers le *DPA* et ne favorise pas les accords avec le Parquet, le concept de « reconnaissance préalable de culpabilité » n'ayant que peu de rapport conceptuel avec le *DPA* ni par son mécanisme, ni par l'ampleur des sanctions, ni par le champ couvert.

Les circulaires françaises d'application de ce texte en matière économique encouragent une sorte de « plaider-coupable » dans « les affaires simples », alors que l'on pourrait imaginer qu'au contraire il serait plus utile dans « les affaires complexes » afin de mieux cadrer les risques pour l'entreprise comme pour le Parquet.

Par ailleurs, l'idée de priver le citoyen d'un procès n'est pas encore à l'ordre du jour. La représentation que la société et la justice se font d'elles-mêmes exige un procès qui, par « la parole dite », exerce une catharsis nationale. S'en passer pour l'instant serait un facteur de frustration sociale.

On peut donc imaginer le vertige saisissant les entreprises françaises prises dans cette mécanique américaine implacable. Le vertige s'accroît lorsque, sur réquisition américaine à un juge français, l'avocat de l'entreprise, se trouvant chargé de fournir des preuves *contre* l'entreprise elle-même ou ses employés, se voit mué en procureur. Ou même lorsqu'en application du système de *compliance*, l'avocat maison se fait flic. Il ressemble alors au « cocu magnifique » de Cromelynck qui, cherchant à tester la fidélité de son épouse, se déguise pour la séduire et démontrer sa turpitude. On dit que certains avocats triomphent en découvrant dans des e-mails ou des papiers la preuve de la culpabilité de ceux qu'ils seraient *a priori* chargés de défendre. Triomphe de la division schizophrénique, sans doute provisoire en matière de *compliance* et d'enquête des avocats, car la situation folle ainsi créée générera probablement deux nouvelles professions, simultanées ou alternatives selon les moments : l'avocat maison inquisiteur et l'avocat maison défenseur, nécessairement discret car ne souhaitant pas devenir le complice de son client, lui donnant des conseils pour essayer de « mitiger » (ce que l'on appelle la *mitigation*, c'est-à-dire la limitation) les dommages causés par tout cet appareillage.

La question est de savoir ce que, à long terme, cet ensemble de *compliance* deviendra, tant dans le domaine des droits de l'homme que dans celui de la corruption. La recherche de l'universalité et d'un ordre mondial est une finalité commune aux deux projets et leurs procédures d'application sont très proches.

Paradoxalement, les perspectives sont peut-être plus ouvertes sur la question des droits de l'homme. Contourner par des procédures l'absence américaine de ratification du traité de Rome entraîne des conséquences plus complexes mais de résultat comparable.

Tout cela ne pourra pas durer. On voit bien que, entre le supplice de Thomas Moore et le procès de Nuremberg, l'ensemble de la société humaine a considérablement évolué et que la CPI est un symptôme fragile mais non nul d'une gouvernance mondiale souhaitable à venir. L'impérialisme isolationniste américain paradoxal finira probablement par chuter sous les principes mêmes de John Ruggie. Et le messianisme appliqué à soi-même peut le tempérer. Encore que...

Ces procédures ne font que différer dans le temps, la couverture de l'ensemble des nations par la compétence de la CPI et ses règles, subsidiairement par celles des États qui les ont intégrées, ou même par l'introduction de plus en plus importante de la juridiction universelle.

Ce qui est en cause, c'est le moteur de cette aventure et sa vitesse. Trop lente, elle ruine son ambition, trop rapide, elle risque de la casser, comme l'a montré l'épisode belge avec l'immolation de la loi de 1993 sur l'autel de l'intérêt national, parce que quelques ONG et leurs conseils l'avaient utilisée sans prudence. Mais comment peut-on parler d'exagération en matière de respect des droits de l'homme ? Ce concept même est insoutenable, comme est politiquement incorrecte l'hostilité des diplomates ne cessant de penser, sinon de dire, que « la vie internationale est déjà assez compliquée comme ça pour mettre fin à des guerres ou en éviter », « s'il vous plaît, gardez-nous des juges ».

Parler de dosage en évoquant les droits de l'homme est presque obscène. Mais parvenir à un idéal de justice domestiquant la force suppose un peu d'habileté. Bref, même si la politique a peu à voir avec la justice, la justice peut cependant requérir l'analyse politique dans son propre intérêt. Pour parvenir à une régulation homogène avec la Chine, la Russie, l'Inde et l'Afrique, il faudra plus de temps que l'on peut l'imaginer.

En 1990, année de la grande illusion de « l'arrêt de l'histoire » et de l'arrivée d'une vraie gouvernance mondiale qui a sous-tendu la création de la Cour pénale internationale, l'espoir était grand. Il est déçu. Le paradoxe de l'intégrisme des droits de l'homme peut aussi amener la guerre. Et pourtant cet intégrisme-là est le seul honorable, même s'il est lui aussi intrinsèquement dangereux.

EN CONCLUSION : LES ESPOIRS ET LA LIMITE DE L'INTÉGRISME DE LA VERTU

Pour ce qui concerne les droits de l'homme, la Cour suprême a pour l'instant décidé de renoncer à exercer la toute-puissance américaine en exploitant l'*Alien Tort Act* qui aurait pu donner aux juridictions de ce pays une forme de compétence universelle. Il n'en va pas de même en matière économique car les critères de rattachement sont si nombreux que, sur le plan mondial, la régulation dans ce domaine finit par se faire en grande partie depuis Washington, au DOJ.

Puisque le système du *DPA* est étendu à la Grande-Bretagne dès 2014, ce qui ne sera plus couvert par Washington le sera par Londres – première place financière européenne. L'Allemagne viendra sans doute ensuite. La France n'est aujourd'hui pas prête à adapter un tel système et se contentera, pendant encore quelques années, de condamnations sans transaction.

Il est clair que le premier souci d'entreprises investissant dans les pays à risque sera d'abord d'éviter tout critère de rattachement à Londres et à Washington pour éviter d'être face à l'alternative : procès destructeur ou arrangement ruineux, présence pendant trois ans d'un *monitor* et difficulté pour la défense d'éviter une condamnation dans le pays d'origine, les faits reconnus aux États-Unis ne pouvant plus être contestés ni discutés en tant que tels, même devant sa justice nationale. La règle *non bis in idem*[1] qui fonctionne, difficilement, même dans le cadre de l'OCDE, reste cependant la condition de l'expansion du système international.

On peut se demander ainsi ce qui se passera lorsque ce système butera sur le fonctionnement de la vie économique qui, en Russie, en Chine ou en Inde, par exemple, ne ressemble pas du tout à celui des États-Unis, de l'Europe des 27, ni même de celle des 47. Et où l'on y pourrait rire au nez du DOJ et de John Ruggie. Rire au nez de nations est toujours très dangereux et le sera peut-être davantage pour tout le monde dans le nouveau système.

Il n'est pas impossible que certains États-nations se rebellent face à des mœurs imposées par une autre culture et prennent fait et cause pour les entreprises et leurs partenaires étrangers afin de résister à ce qui sera taxé, peut-être bien facilement et pour de mauvaises raisons, de nouvel « impérialisme américain ». Ou alors, outre les paiements accessoires

1. On ne peut pas être condamné deux fois pour la même cause.

des arrangements corrupteurs particuliers, il faudra considérer et budgétiser le prix américain du *DPA*, une sorte de surtaxe payée au DOJ qui serait à inscrire dans les coûts.

Reste que la présence d'un *monitor* dans l'entreprise étrangère risque là aussi de poser des problèmes dans des pays qui n'ont peut-être pas de *blocking statute*[1] (peu efficace) comme en France, mais sûrement des tribunaux capables d'être beaucoup plus rudes que les nôtres pour empêcher toute fuite d'informations puisées dans les entreprises nationales à destination de l'étranger.

Quels seront les effets pervers de ce système de régulation en matière de droits de l'homme et en matière de corruption ? C'est l'inquiétude que nourrit tout politique voyant apparaître des campagnes uniformes pour le « bien ». Toute forme de croisade génère des effets paradoxaux. Des dissidences, des marginalités. Des clandestinités. Aujourd'hui, nous dirions que tout système parfait et verrouillé à vocation morale et universelle fabrique ses « talibans » et ses guerres. C'est pourquoi l'idéal mondial de la *compliance* n'a pas encore fait ses preuves. Il a seulement dévoré son pain blanc. L'intérêt moral se conjugue avec certains intérêts matériels, mais la prudence voudrait que, pour rendre ce vertueux mouvement pérenne et général, chaque croisé, c'est-à-dire chaque militant, chaque ONG ou chaque procureur, juge, avocat et *lawyer*, s'inspire de cette maxime des vieux mécaniciens enseignée aux apprentis : « la mécanique, mes petits, c'est le jeu et l'huile ». Non point pour « laisser passer » la corruption, plus que la viola-

1. Loi de blocage : loi du 18 juillet 1980 qui interdit sous peine de sanctions pénales la communication d'informations des entreprises à l'étranger (Cour de cassation, Chambre criminelle, 12 décembre 2007, n° 0783228).

tion des droits de l'homme, mais pour développer avec habileté et efficacité ce mouvement nécessaire et vertueux qui, comme toute activité sociale, a besoin de la politique pour avancer.

CHAPITRE 7

Coopérer contre soi-même

Frédéric Gros

> Si l'on veut que telle manière d'être, telle habitude de vie s'établisse, la dernière chose à faire est donc d'ordonner que l'on s'y conforme. Voulez-vous être obéi ? Il ne faut pas vouloir qu'on fasse : il faut faire qu'on veuille.
>
> Jean-Baptiste Say, *Olbie*.

La lutte menée par les autorités américaines contre la délinquance économique comprend, depuis une dizaine d'années, une modalité spécifique qui connaît un développement étonnant : proposer à une entreprise souvent étrangère (mais ayant des liens commerciaux ou financiers avec les États-Unis), soupçonnée d'actes de corruption ou de fraude (au regard de la loi américaine), pas forcément d'ailleurs commis sur le sol américain, la suspension de poursuites judiciaires, à condition qu'elle reconnaisse l'existence effective d'irrégularités en son sein, qu'elle accepte le principe d'une sanction financière importante, qu'elle recrute des avocats compétents pour mener une enquête interne établissant au mieux les faits et qu'elle se dispose à intensifier ses instances de contrôle interne et de « mise en conformité ».

Ce dispositif de lutte, recouvert par les désignations un peu ésotériques d'« *enforcement* par la coopération » ou de *Deferred Prosecution Agreement* (*DPA*), bouleverse un certain nombre de représentations des rôles traditionnels de l'accusation et de la défense. Il témoigne surtout de l'émergence d'un nouveau paradigme, celui d'une justice empruntant des voies assez inédites : une justice sans juge, une justice sans prononcé de peine publique, une justice sans garantie, une justice de bout en bout *négociée*. Mais est-ce encore une justice ?

LA JUSTICE COMME MENACE

Un des premiers éléments remarquables de ce dispositif tient dans la manière dont la justice américaine, cette fois dans son déroulé classique, se donne elle-même à réfléchir : l'absolument insupportable, l'incarnation de la catastrophe, la figure du désastre. Il s'agit finalement de faire sentir à l'entreprise que les autorités américaines la menacent d'un règlement judiciaire dont la mise en œuvre la paralyserait totalement, mais qu'on lui offre la possibilité d'une alternative sous la forme d'un accord librement consenti, consistant à payer une amende faramineuse et à accepter une mise à nu à peu près totale devant les autorités américaines.

Traditionnellement, le visage sombre et orageux de la justice a une fonction dissuasive, au sens où il s'agit d'empêcher de potentiels délinquants de *passer à l'acte*, en distillant la peur de ce qu'il leur en coûterait de transgresser la loi. Avec le *Deferred Prosecution Agreement*, le schéma est différent, puisque l'on considère que l'entreprise concernée a *déjà* violé des normes américaines précises (sanctions économiques décidées contre tel ou tel « État voyou », législation anticorruption, etc.) et l'on ne fait apparaître la menace d'un procès que pour faire sentir l'avantage d'une solution de substitution « généreusement » proposée.

Cette menace du procès, dans la mesure où elle s'adresse à de grandes entreprises privées cotées en Bourse, signifie évidemment beaucoup. Déjà, l'entreprise voit agité devant elle le spectre d'une condamnation au final si lourde qu'elle pourrait équivaloir à sa ruine complète. Mais après tout, la complexité et l'entrecroisement des juridictions nationales pourraient l'inviter à accepter le risque d'un procès dont l'issue demeure incertaine. Pourtant ce risque est systématiquement refusé. En effet, ce n'est peut-être même pas l'issue périlleuse d'un procès qui inquiète, mais son déroulé même. La justice est suspensive. Elle impose son propre rythme, ses scansions, sa lenteur. L'entreprise verra sa marge de manœuvre immédiatement réduite. Accepter d'être poursuivie devant des tribunaux américains, c'est pour elle entrer dans une temporalité incompatible avec la poursuite des affaires. Pour ces entreprises cotées en Bourse, cette entrée dans une zone de l'incontrôlable équivaut de plus à une perte de crédibilité immédiate. La valeur d'une entreprise étant calculée non pas à partir de ce qu'elle vaut aujourd'hui mais de ce qu'elle vaudra demain, l'impossibilité d'une anticipation représente pour elle un danger mortel. Remettre son sort dans les mains de la justice, c'est par avance accepter qu'il soit réglé, décidé par une instance *extérieure* et immaîtrisable. Le fait de voir immédiatement reconnues un certain nombre de garanties, même importantes, qui sont celles de la défense, ne parvient pas à équilibrer l'introduction de ce noyau d'incalculable dans la poursuite de son destin. Cette non-maîtrise structurelle du déroulé judiciaire et de la décision finale fait immédiatement préférer toute autre solution, pour autant qu'elle réintroduise de l'anticipable, du négociable, du calculable. On retrouve, *mutatis mutandis*, la forme du pari pascalien : il vaut mieux croire en Dieu, à partir du moment où l'on fait entrer dans le calcul la possibilité, même infime, qu'Il existe, parce que Son existence introduit une dimension d'infini qui fait aussitôt surgir un infiniment préférable. L'équivalent de l'enfer éternel pour les entreprises, c'est la possibilité de leur ruine, de leur disparition. Cette négativité absolue, encore une fois sous la forme d'une possibilité statistiquement négligeable, fait qu'il devient absolument préférable d'accepter un règlement « à l'amiable » avec les autorités américaines, même sous la forme d'un accord léonin. Il demeure cependant tout à fait paradoxal, pour une autorité politique, de faire valoir la mise en œuvre de sa propre justice comme un cauchemar qu'il faut à tout prix éviter, et de s'adresser à une personne morale en lui disant à peu près : « Tu peux préférer t'adresser à ma justice de droit commun, mais sache que tu as tout à y perdre. »

La suspension de cette poursuite au pénal ou au civil s'accompagne cependant pour l'entreprise d'un certain nombre de conditions qui, là encore, vont bouleverser certains repères traditionnels. Ces conditions sont connues. L'entreprise doit d'emblée reconnaître l'existence d'un certain nombre de faits délictueux, tout en s'interdisant pratiquement la possibilité de revenir sur cet « aveu ». Elle s'engage ensuite à faire appel à un cabinet d'avocats qu'elle paiera pour mener une enquête interne propre à mettre en lumière les rouages historiques de la corruption. Enfin, elle accepte la mise en œuvre d'un programme de *compliance*, c'est-à-dire de mise en conformité de l'entreprise aux normes propres à prévenir de futures escroqueries.

AVOUER POUR NE PAS ÊTRE COUPABLE

Le premier point pose évidemment problème. En effet, assez immédiatement la « reconnaissance de faits délictueux » s'intègre pour nous au schéma culturel de l'aveu[1]. Avouer, c'est se reconnaître coupable. Le système judiciaire classique a très vite consacré l'aveu comme la « reine des preuves ». On sort soudainement, avec l'aveu, du schéma de la lutte opposant une prétendue victime et un prétendu bourreau, chacun accusant l'autre de mentir ou de déformer les faits. En avouant, l'accusé non seulement accepte de reconnaître les faits, mais accepte par avance le bien-fondé de la peine que l'on va lui imposer, avec la particularité que cette reconnaissance anticipée de la justice de la peine peut même contribuer à la réduire. Les pères chrétiens, quand ils se sont attachés, dans le cadre cette fois extrajudiciaire de l'obligation de confession des fautes au directeur de conscience, à en décrire la mécanique et les effets, ont insisté sur le fait qu'en avouant, le pécheur surmonte, dans la souffrance, la honte de se reconnaître impur aux yeux de tous. Or ce dépassement douloureux constitue en et par lui-même une forme de punition et

1. Voir pour une présentation complète Michel Foucault, *Mal faire, dire vrai. Fonction de l'aveu en justice*, Presses universitaires de Louvain, 2012.

d'expiation : avouer, c'est déjà se punir soi-même. Si l'aveu constitue pour le système judiciaire la meilleure des preuves, c'est qu'elle est la seule qui simultanément contribue fortement à établir la certitude des faits incriminés et contient en elle le principe de justification du système pénal lui-même. Celui qui avoue dit à la fois : « C'est bien comme cela que les choses sont arrivées » et : « Maintenant, vous pouvez me condamner pour le crime que j'ai commis. » Dénouement magique, donc, des tensions entre une accusation qui tremble secrètement de frapper un innocent et une défense qui récuse les incriminations, dénonçant l'injustice des attaques. Cette efficace de l'aveu, qui à la fois accélère, dramatise et justifie le procès, a fait qu'assez vite on a dû l'entourer d'un certain nombre de garanties importantes, quant aux conditions de son obtention et à la possibilité de revenir sur cette auto-accusation. En effet, la psychanalyse a, depuis, démontré que le ressort psychique d'une reconnaissance publique de sa propre culpabilité est suffisamment obscur et retors pour pouvoir être déclenché de manière intempestive, décalée, pour des fautes que l'on n'aurait pas commises[1].

Le schéma culturel de l'aveu, organisant ce rapport particulier entre la reconnaissance des faits, la justification anticipée de la peine leur correspondant et la souffrance, est donc relativement articulé et précis. Or, dans le cadre de ce dispositif répressif à l'encontre d'entreprises soupçonnées de fraude et d'escroquerie, l'« aveu » dont il s'agit n'est absolument pas superposable à la forme classique. En effet, la mise en forme de l'accusation (qualification et exposition des faits) dépend

1. Voir sur ce point l'article saisissant de Freud, « Dostoïevski et le parricide », in *Résultats, idées, problèmes II*, Paris, Puf, 1985.

entièrement du procureur américain qui a tout intérêt à faire preuve d'une sévérité propre à justifier les sanctions financières les plus lourdes. L'entreprise concernée ne fait au bout du compte que relayer à la première personne une accusation qu'elle ne formule pas elle-même directement. Bien plus, elle s'interdit par avance, comme l'on a dit, de revenir sur le contenu de cet aveu qui a été articulé par un autre. D'autre part, cette reconnaissance des faits par l'entreprise n'est pas l'élément qui justifie une peine prononcée par un tribunal, puisque sa production au contraire signifie à court terme la suspension, et à long terme l'abandon des poursuites. L'entreprise, en reconnaissant les faits, en « avouant », désamorce le processus judiciaire plutôt qu'elle n'en reconnaît le bien-fondé.

L'AVOCAT À CHARGE

Une fois les faits reconnus, l'entreprise va donc faire appel à des avocats qui auront pour tâche de mener, à ses frais, une enquête interne propre à établir le détail du délit et de la corruption. Au cours de cette enquête, ils récolteront, auprès de l'entreprise, tous les éléments susceptibles de mettre en valeur les mécanismes et en lumière les acteurs de la fraude, et ils transmettront régulièrement aux autorités américaines le résultat de leur travail. La confusion paraît ici à son comble, et l'on en vient à se demander si ces avocats ne se comportent pas plutôt comme des juges d'instruction instruisant systématiquement à charge, à moins qu'au contraire ils ne soient tentés perpétuellement de dissimuler ou d'atténuer tous les éléments à charge afin de satisfaire leur payeur. Mais le jeu est risqué, parce que dans ce dispositif, il ne s'agit plus précisément pour eux de faire valoir l'innocence de leur client. L'entreprise, en effet, fait appel à un cabinet d'avocats *après* avoir reconnu les faits, *après* avoir signé un accord au terme duquel elle accepte de s'acquitter d'une forte amende. En quoi peut alors consister le rôle de l'avocat ? C'est le sens même de la « défense » qui se trouve bouleversé. Dans la configuration traditionnelle, l'avocat défend son client en tentant de faire éclater son innocence, en s'efforçant d'atténuer la gravité du délit ou du crime, en fragilisant les preuves de culpabilité qu'on lui oppose. Sur cette scène nouvelle, dessinée par la procédure du *Deferred Prosecution Agreement*, l'avocat continue bien à enquêter sur des actes *passés*. L'entreprise s'engage même à aider au mieux l'avocat à établir les culpabilités ou les manquements, les circuits de corruption ou les inerties coupables, les fautes ou les négligences, les complicités actives ou passives. Elle coopère à sa propre mise en accusation, mais c'est pour multiplier les signes de « bonne volonté » en vue d'un rebondissement *futur*. De telle sorte que la production par l'avocat d'éléments à décharge sera examinée avec suspicion par les autorités américaines, alors que la mise en avant de preuves accablantes sera considérée comme une démonstration de coopération vertueuse. Certes, l'équilibre est sans doute difficile à trouver, car il ne faut pas non plus que le zèle auto-accusateur soit tel qu'il finisse par inviter les autorités américaines à des sanctions plus lourdes encore qu'initialement prévues. Mais il demeure bien que, dans ce nouveau cadre, le sens de ce qui peut s'appeler « défendre » pour un avocat est totalement transformé. Le problème n'est plus du tout de travailler à découvrir une faille ou une garantie juridiques qui pourraient permettre de mettre en échec l'accusation, ou encore à affaiblir la pertinence et l'évidence des incriminations. On peut rappeler d'ailleurs que l'accord passé entre les autorités américaines et l'entreprise prévoit que cette dernière renonce par avance à un certain nombre de garanties classiques de défense. L'art de défendre, pour l'avocat, devient celui d'une capacité à confirmer et à moduler une sanction financière, dont le principe est par avance accepté, sur la base d'une reconnaissance première des faits d'accusation, en produisant une enquête exemplaire qui témoigne finalement du souci de l'entreprise à coopérer à la mise en lumière de ses dysfonctionnements internes.

LA NOUVELLE CONFORMITÉ

L'entreprise, en signant un accord qui suspend une poursuite, reconnaît d'emblée l'existence d'irrégularités en son sein, et accepte par avance de payer une sanction lourde. Elle rémunère à ses frais des avocats qui devront mener l'enquête et démêler l'écheveau des responsabilités ou des complicités. Enfin, elle s'engage à mettre en place un programme de *compliance*, c'est-à-dire à doter son entreprise d'une multiplicité de procédures de contrôle, de dispositifs de surveillance propres à prévenir de nouvelles irrégularités. Cette mise en place de structures de vigilance pourra être elle-même contrôlée par un *monitor* désigné pour en évaluer la pertinence et l'efficacité. La transformation, là encore, du schéma classique de justice est importante. La violation de la loi n'est plus en effet considérée par l'entreprise sous la lumière de la responsabilité individuelle, mais du *risque* calculable. Mettre en œuvre un programme de *compliance*, c'est intégrer ce risque au moyen d'une gestion adaptée qui se traduira par une démultiplication d'instances de contrôle interne propres à induire une régulation automatique des comportements. La représentation classique de l'obéissance supposait la position d'une autorité de surplomb, transcendante, qui ordonnait, dictait des interdits et menaçait les transgresseurs de la loi d'une peine, au terme d'un procès équitable. Le dispositif du *DPA* fait apercevoir autre chose : on ne table plus sur un face-à-face vertical de la conscience et de la loi pour prévenir la transgression, mais sur l'aménagement d'un *milieu* qui fait diminuer tendanciellement le risque de la violation des règles. Au fond, on assiste même à un dédoublement de la question de la culpabilité. Le problème pour l'entreprise n'est plus de savoir si certains de ses membres transgressent ou non les règles, mais si elle mène en son sein une politique de réduction efficace du risque de transgression. On trouve là un glissement que Foucault avait largement annoncé et décrit en 1979 dans un cours au Collège de France intitulé *Naissance de la biopolitique*[1]. Il y voyait même le secret éthique du néolibéralisme : envisager la liberté non pas comme une faculté de choix absolue que la loi publique simultanément limite et garantit, mais comme une capacité d'action gérable, conditionnable, informable par l'instauration d'un milieu qui favorisera telle attitude plutôt que telle autre. C'est dans ce nouveau cadre éthique que Foucault envisageait le caractère proprement « révolutionnaire » de la nouvelle définition, proposée par Gary Becker (le théoricien du « capital humain »), du crime comme action qui prend le risque d'une

1. Michel Foucault, *Naissance de la biopolitique*, Michel Senellart (éd.), Paris, Gallimard, 2004.

peine prévue par la loi[1]. Fondamentalement, on ne s'adresse plus à la conscience morale des individus, mais à leur capacité de calcul. Le contrôle permet alors une autorégulation des comportements, estimée moins coûteuse que le rappel brutal, discontinu de la loi, à l'occasion de procès rares et fracassants.

La nouvelle politique américaine de répression de la délinquance économique et financière s'inscrit donc dans un horizon général de transformation de notre rapport au droit, à la loi, à l'État. Même si ces pratiques font apparaître un horizon inquiétant parce qu'elles supposent un certain désaveu de la justice classique, un abandon consenti de certaines garanties et la démultiplication du contrôle, il ne faut pas oublier qu'elles répondent à une réalité cuisante : le droit classique est mal armé pour réprimer la délinquance économique, laquelle s'est sophistiquée au point que, s'il fallait juger ces infractions « à l'ancienne », la durée du processus judiciaire serait interminable et les États auraient finalement des moyens inadaptés pour démontrer la responsabilité des entreprises tout en continuant à leur garantir des droits. La conjugaison d'une menace suprême et de l'exigence d'une enquête que l'entreprise doit faire mener elle-même en son sein permet finalement aux caisses du Trésor américain d'être renflouées de manière significative, aux intérêts supérieurs des États-Unis d'être indirectement défendus, et aux entreprises de continuer leurs affaires. D'autre part, la mise en place de cellules de vigilance à l'intérieur des entreprises contribue sans aucun doute, elle aussi, à réduire les irrégularités, même si le moyen pour y parvenir peut heurter nos représentations.

1. *Ibid.*, leçon du 21 mars 1979, p. 245-270.

En tout, ces nouvelles procédures sont très certainement efficaces, rapides, pertinentes et mieux adaptées aux complexités d'un marché mondialisé. Simplement, elles s'inscrivent dans un horizon où se joue autre chose que la cotation en Bourse des grandes sociétés. On peut articuler, pour le caractériser, trois expressions : principe d'immanence radicale, exigence de transparence indéfinie, structuration d'une réflexivité de défiance.

La justice, dans sa détermination classique, fonctionne par transcendance. Certes, pas la transcendance au sens d'un absolu divin, mais au sens d'une position d'extériorité. Qu'il soit considéré comme l'arbitre d'un différend ou l'instance écrasante d'énonciation d'une norme supérieure, le juge tient sa légitimité de demeurer extérieur aux parties, dans une position de surplomb transcendant. Il est celui qui introduit, au terme du procès, de l'*indiscutable*. Sa position de tiers le rend, au moins dans les représentations classiques, étranger aux logiques de la négociation. L'accord passé, dans ces nouvelles pratiques de lutte contre la corruption, entre le procureur et l'entreprise incriminée introduit un plan d'immanence qui renvoie finalement à celui du marché. Entre les autorités américaines, le cabinet d'avocats sollicité et l'entreprise mise en cause, s'instaure un jeu dans lequel tous parlent le même langage et sont sensibles aux mêmes impératifs : ne pas traîner, fixer un montant optimal, permettre au jeu d'être relancé. Ce plan d'immanence est traversé par une exigence de transparence qui répond, là encore, moins à un impératif de sincérité morale qu'à un souci d'optimisation du jeu économique et financier. Si elle n'aide pas les avocats à divulguer toutes les informations nécessaires à sa propre mise en cause, l'entreprise démontre qu'elle ne joue pas le jeu. Elle est aussitôt suspectée de tricher et de se montrer déloyale. Il devient dans ce cadre impossible de garantir le secret, parce qu'il est aussitôt suspecté de troubler les conditions mêmes du jeu. Le menteur est avant tout un possible tricheur, et par son comportement, ce n'est pas la splendeur sacrée du Vrai qu'il compromet, mais la circulation harmonieuse des flux économiques. D'où la possibilité que le procureur garde par-devers lui le pouvoir de siffler l'arrêt du jeu si la coopération de l'entreprise à sa propre accusation n'est pas assez franche, et de lancer une poursuite judiciaire classique, avec les conséquences désastreuses que l'on connaît. Le milieu de transparence exigé est de même texture que celui – idéal – que le marché requiert pour instaurer une concurrence loyale. Enfin, on a souligné l'insistance répétée pour la mise en place d'instances de contrôle interne. Ces instances assurent ce que l'on pourrait appeler une réflexivité de la défiance. L'entreprise doit introduire un rapport à soi sur le mode de la défiance systématique, du contrôle perpétuel, de la vigilance continue. Elle manifestera sa bonne volonté auprès des autorités américaines en démontrant sa capacité à se contrôler elle-même, perpétuellement et dans chacune de ses parties.

Et c'est ce même rapport à soi qui doit, idéalement, structurer chaque individu : chacun doit établir de soi à soi un rapport de suspicion permanente et de surveillance continue. Le marché, l'individu, l'entreprise, ne doivent plus avoir aucun secret pour eux-mêmes, afin d'optimiser la circulation des flux – flux financiers, flux de marchandises, flux de conscience. La justice n'est plus là pour dire la loi : elle participe, avant tout, à la régulation des flux.

CONCLUSION

Nouveau modèle global ou extension de la puissance américaine ?

Antoine Garapon, Pierre Servan-Schreiber

Le passage du modèle de la justice classique à ce nouveau modèle des "deals" de justice renvoie à la distinction de Michel Foucault entre voie révolutionnaire et voie radicale. Dans le premier, la loi est conçue « comme l'expression d'une volonté, d'une volonté collective manifestant la part de droit que les individus ont accepté de céder et la part qu'ils veulent réserver. Dans l'autre problématique, dans la voie radicale utilitariste, la loi va être conçue comme l'effet d'une transaction qui partage d'une part la sphère d'intervention de la puissance publique et d'autre part la sphère d'indépendance des individus [1] », ici le mécanisme du marché. Mais jusqu'où peut aller cette voie utilitaire ? Est-elle universalisable ?

UN DISPOSITIF TRÈS EFFICACE AU SERVICE DE FINS TRÈS DISPARATES

Que le marché « pur » soit un mythe, on le sait depuis longtemps : il a besoin de règles de droit (luttant contre la tendance

1. Michel Foucault, *Naissance de la biopolitique. Cours au Collège de France. 1978-1979*, Paris, Gallimard-Seuil, coll. « Hautes Études », 2004, p. 43.

au monopole ou contre la corruption qui l'empêche de produire ses effets vertueux) non seulement pour l'étayer mais tout simplement pour lui permettre d'exister. Si la première puissance économique, la mieux placée pour le faire, se charge de les faire respecter, qui s'en plaindra ? Dans un monde où aucune instance ne surplombe les États, ce tiers ne peut être qu'impur en mélangeant les intérêts moraux et les siens propres. La puissance américaine se hisse au-dessus des autres nations pour tenter de mettre un peu d'ordre dans la mondialisation, mais ses intérêts ne sont pas loin. Les organes de régulation sont doublement locaux, par la matière et par leur juridiction liée à un territoire. Certains protègent le marché (autorités de la concurrence), d'autres défendent quelques valeurs universelles (lutte contre la corruption, le blanchiment d'argent ou la concentration), mais aucun de ces objectifs ne peut être totalement séparé de la politique. D'autres, comme l'OFAC, poursuivent des objectifs liés à la sécurité nationale (mais peut-être peut-on converger autour de l'idée de sécurité), d'autres enfin sont étroitement liés à la politique extérieure d'un État (songeons au blocus contre Cuba). S'agit-il d'une défense des droits de l'homme ou d'instruments de politique étrangère, se demande Hubert de Vauplane[1] ? La réponse est dans la question… Ce que montre la pratique de ces agences, c'est qu'une séparation totale du marché global et de la politique n'est pas non plus pensable.

Ces accords s'émancipent du strict domaine des affaires et s'invitent dans les rapports entre États, comme en témoi-

1. Hubert de Vauplane, « Embargos, gels des avoirs : défense des droits de l'homme ou instruments de politique étrangère ? », *Revue Banque*, n° 755-756, janvier 2013.

gne le récent accord entre Washington et la Confédération helvétique à propos des avoirs américains non déclarés dans les banques suisses. Après trois années d'âpres négociations, le gouvernement fédéral suisse s'est trouvé devant un accord « à prendre ou à laisser » lui dictant les conditions pour régler définitivement le dossier. Le gouvernement s'est ainsi engagé à présenter au plus vite devant le Parlement une loi autorisant les banques à conclure des accords du même type que ceux qui ont fait l'objet de ce livre, avec les autorités américaines. S'ensuivront des amendes pour un total estimé par la presse américaine à 10 milliards de dollars[1]...

QUEL RÔLE POUR L'EUROPE ?

Nous disions en commençant que la nouveauté et la généralisation de cette pratique bousculaient nos habitudes et poussaient non seulement les entreprises mais aussi le barreau, les pouvoirs publics et les institutions européennes à réagir. Dans quelle direction ? Un tel système, on l'a vu, a certes des travers, et de taille, mais il a l'immense vertu d'exister et d'être efficace. Il n'est donc pas possible de se réfugier dans un anti-américanisme aussi répandu que stérile.

Cette évolution interpelle tout d'abord l'Europe judiciaire. Le temps n'est-il pas venu pour elle de s'organiser non pas pour contrer ce système mais pour le rendre plus universel ? L'Europe a aujourd'hui les inconvénients de la fédération sans en avoir les avantages, à savoir, la protection, entre

1. *Le Monde* du 31 mai 2013.

autres, de ses membres, comme cela se produit aux États-Unis. Elle a les embarras d'une puissance sans être toutefois capable d'en percevoir les fruits et d'en faire profiter ses ressortissants.

Il n'est donc pas pensable de faire abstraction ni de la culture, ni de la géopolitique. Les États-Unis ont pris un leadership dans la régulation du marché global parce qu'ils sont la première puissance du monde, mais aussi parce qu'ils portent dans leur culture un rapport paradoxal au pouvoir, considéré comme un mal nécessaire et non comme l'instituteur de la société[1]. Dans l'attitude des agences américaines perce également une culture puritaine pour laquelle chacun se sent responsable de la moralité de tous.

Le génie américain, sur lequel nombre de chapitres ont insisté, consiste à faire de la politique avec du droit privé. On a vu tout au long du XXe siècle des illustrations de ce *strategic legalism*, notamment en matière de justice pénale internationale où des règles du droit pénal, donc de droit privé interne, sont utilisées pour régler des problèmes internationaux. C'est aussi vrai aujourd'hui en matière économique. Comme à Nuremberg hier, les États-Unis s'arrogent le pouvoir d'accuser, qui est un pouvoir énorme, c'est-à-dire le pouvoir d'isoler, de désigner, d'agresser éthiquement, l'accusation conférant implicitement à celui qui la porte la reconnaissance d'une stature morale. Comme ces règles servent à la fois à promouvoir les valeurs américaines de justice et à servir les intérêts des États-Unis sans qu'il soit possible de faire prévaloir l'un sur

1. Nous nous permettons de renvoyer sur ce point à Antoine Garapon, « La place paradoxale de la culture juridique américaine dans la mondialisation », *Revue de la faculté de droit de l'Université de Liège*, mai 2009.

l'autre, la puissance dominante reculera toujours au moment de franchir le dernier pas, qui est celui d'une véritable universalisation de la suprématie du droit (on le voit dans la politique américaine à l'égard de la CPI qui ferait perdre aux États-Unis leur prééminence et leur exceptionnalité tant cette moralisation du monde fait partie du patrimoine génétique de la politique américaine).

Tout autre est la situation de l'Europe qui a mis en place des règles mais en faisant abstraction du reste du monde. Ainsi, ces règles n'ont de cesse que de faire tomber toute barrière nationale, toute exception immédiatement ressentie comme un obstacle à la libre circulation. Mais cette neutralisation de la puissance opère également à l'extérieur où les règles européennes inhibent les souverainetés nationales. Ce qui conduit au constat suivant : alors que les règles juridiques aux États-Unis potentialisent la puissance, elles la neutralisent en Europe.

Qui sait ce que fera demain un pays comme la Chine, qui ne partage pas le même substrat culturel et religieux, ni la même confiance dans le droit ?

Si ces nouvelles pratiques des autorités américaines n'étaient qu'une méthode plus pragmatique, plus astucieuse et plus économique d'*enforcement*, elles ne mériteraient sans doute pas que l'on y consacre trop de temps. Les avantages pour l'État, qui réalise de substantielles économies, et pour les entreprises, qui en font les frais dans tous les sens du terme mais qui s'y retrouvent, convergeraient avec les intérêts du peuple. Dans ce monde merveilleux, le *win-win contract* se substituerait au contrat social. Mais peut-on réduire la justice à une recherche de rentabilité – non seulement des ressources mais aussi des forces de l'État ? On voit poindre un spectre que nous voudrions évoquer, ne serait-ce que pour le conjurer. Est-ce extrapoler que de voir dans ces pratiques un mauvais augure, celui d'un État qui non seulement réclamerait que les justiciables observent ses lois mais aussi qu'ils les intériorisent, qu'ils se fassent les enquêteurs zélés de leurs manquements, les accusateurs impitoyables des fautifs – même si c'est eux-mêmes qu'ils doivent dénoncer –, les tuteurs convaincus de leur redressement, mieux : les agents efficaces de leur prévention. Quel monde merveilleux que celui où, par économie, chacun doit se faire délateur, procureur et juge ! Mais est-ce celui qu'avaient imaginé les Pères fondateurs ou celui décrit par Orwell ?

Les auteurs

Olivier Boulon est avocat au sein du cabinet Skadden, Arps, Slate, Meagher & Flom, LLP à Paris. Il conseille des clients français et étrangers dans le cadre d'opérations d'acquisitions et de contentieux internationaux. Diplômé de l'Essec et de la Stanford Law School (Master of Laws) aux États-Unis, il a obtenu un DEA de droit des affaires et de l'économie (Université Paris I - Panthéon-Sorbonne) et un DESS de droit des affaires (Université Paris-Dauphine).

Astrid Mignon Colombet est avocat, associée du cabinet Soulez Larivière & Associés. Elle a développé une expertise dans le domaine de l'aérien et de la corruption internationale. Elle a auparavant enseigné le droit des obligations à Paris I et le droit des sociétés à Paris II (1998-2002). Docteur en droit de Paris I (2002), diplômée de l'Institut d'études politiques (Sciences Po) de Paris (1996), elle a publié l'ouvrage *L'Exécution forcée en droit des sociétés* (2004) et l'article *Le* Deferred Prosecution Agreement *américain, une forme inédite de justice négociée* (en collaboration avec François Buthiau, mars 2013).

Antoine GARAPON est magistrat, secrétaire général de l'Institut des hautes études sur la justice. Il a publié entre autres, chez Odile Jacob, *Juger en Amérique et en France* (2003, avec Ioannis Papadopoulos), *Peut-on réparer l'histoire ? Colonisation, esclavage, Shoah* (2008) et *La Raison du moindre État. Le néolibéralisme et la justice* (2010). Il anime une émission hebdomadaire, « Le bien commun », sur France Culture.

Frédéric GROS est professeur à l'Université Paris-Est Créteil en philosophie contemporaine. Il est spécialiste de l'œuvre de Michel Foucault dont il a édité les derniers cours au Collège de France. Après avoir travaillé sur l'histoire de la psychiatrie (*Création et Folie*, 1998) et le fondement philosophique de la justice pénale (*Et ce sera justice*, 2001, avec A. Garapon et T. Pech), il a étudié les formes classiques et contemporaines de la guerre (*États de violence*) et les grandes configurations historiques de la sécurité (*Le Principe Sécurité*, 2011).

Daniel SOULEZ-LARIVIÈRE est titulaire d'un DES de droit public et du diplôme de l'Institut d'études politiques de Paris. Il est avocat depuis 1965, chargé de mission au cabinet d'Edgard Pisani (1966-1967) ; deuxième secrétaire de la Conférence du stage (1969) ; ancien membre du Conseil de l'ordre (1988-1991) ; auteur du rapport à l'Ordre des avocats sur la réforme des professions juridiques et judiciaires (1988) ; membre de la commission Vedel sur la révision de la Constitution (1992-1993) ; membre de la commission Avril sur le statut pénal du chef de l'État (2002). Il est enfin l'auteur de douze ouvrages sur la justice, dont le premier *L'Avocature* (1982) et le dernier *Le Temps des victimes* (avec Caroline Eliacheff, 2007).

Les auteurs

Pierre SERVAN-SCHREIBER est avocat aux barreaux de Paris et de New York. Il est Managing Partner du bureau parisien de Skadden, Arps, Slate, Meagher & Flom, LLP, l'un des principaux cabinets d'avocats internationaux dont le siège est à New York. Il est spécialisé dans les dossiers stratégiques pour les groupes internationaux, que ce soit dans les opérations boursières, les acquisitions transfrontalières ainsi que les contentieux internationaux et les enquêtes du type de celles évoquées dans le présent ouvrage. Enfin, il est ancien membre du conseil de l'Ordre de Paris.

Hubert DE VAUPLANE est avocat au barreau de Paris dans le cabinet Kramer Levin Naftalis & Frankel LLP, un des cabinets spécialisés en contentieux et dont le siège est à New York. Il intervient principalement dans le domaine des opérations bancaires et financières nationales et internationales, de la réglementation bancaire et financière, des fusions-acquisitions et du droit des sociétés ; il a géré de nombreux contentieux et enquêtes, notamment ceux liés aux crises financières récentes. Expert auprès de la Commission européenne, de la Banque centrale européenne, de l'AMF et de la Bank of England, il est l'un des spécialistes de la matière. Avant de rejoindre le cabinet Kramer Levin, il était directeur Juridique et Conformité du Groupe Crédit agricole, après d'autres postes, notamment responsable juridique de BNP Paribas Corporate & Investment Banking. Il est également maître de conférences à l'IEP Paris où il enseigne le droit bancaire et financier.

TABLE

Table

Cet ouvrage a été composé par IGS-CP
à L'Isle-d'Espagnac (16)

Achevé d'imprimer en décembre 2013
sur les presses numériques de l'Imprimerie Maury S.A.S.
Z.I. des Ondes – 12100 Millau
N° d'impression : K13/50032D

Imprimé en France